지금 내 마음

괜찮은 걸까요?

지금 내 마음 괜찮은 걸까요?

방어기제를 알면 보이는 숨은 마음

김선희 지음

정한책방

들어가는 글

과연 행복의 조건은 무엇일까?

사람들이 가장 힘들 때 서점 코너에 많이 팔리는 책이 행복에 관련된 책이라고 한다. 어떻게든 불행하다는 감정에서 벗어나고 싶기 때문이다. 책을 열심히 읽는다고 행복해지는 것은 아니다. 중요한 것은 왜 행복함을 못 느끼는지 원인을 찾는 것이다. 하버드 대학교 성인 발달 연구팀은 행복의 조건이 무엇인지 연구했다. 그 결과는 어떠했을까. 행복의 조건은 우리가 고통을 어떻게 받아들이고 대응하는지에 따라 다르다는 것이다. 사람들이 겪는 고통이 많든, 적든 간에 그 고통에 어떤 식으로 적응할 것인가가 중요하다. 그 적응방식이 바로 '방어기제*Defense Mechanism*'다. 성인이 된 후 행복의 중요한 요소로 작용한다. 중년 이후의 삶에서는 어린 시절의 불우함이나 부모의 부재, 직업, 학벌 수준이 아니다. 현재 자신이 사용하고 있는 심리적 방어기제에 따라 이후의 삶을 결정한다.

내가 모르는 '나'는 분명 있다

영국의 작가 윌리엄 세익스피어*William Shakespeare*의 4대 비극 中 〈리어왕〉의 1막 1장에 이런 대사가 나온다. "전에도 아버지는 자신을 조금밖에 알지 못했지." 둘째 딸 리건이 하는 말이다. 브리튼의 리어왕은 딸 셋에게 땅을 물려주는 과정에서 두 딸에게 배신당하고 셋째 딸을 잃게 된다. 리어왕은 그제야 셋째 딸의 진심을 알고 절규하는 비극적인 이야기다. 자신을 안다는 것은 어려운 일이다. 내가 모르는 '나'는 분명 있다. 리어왕은 이면에 있는 자신의 감정을 몰랐던 것 같다. 사실 진짜 감정은 몰래 숨어있을지도 모르는데 의식하는 자아가 우리의 전부라고 믿는다. 내가 모르는 나를 어떻게 찾아야 할까. 바로 방어기제를 알아야 하는 이유다. 방어기제는 눈에 보이지 않는 방법을 통해 용납할 수 없는 생각과 감정을 의식에서 몰아낸다.

다시 리어왕 이야기를 해보자. 국토를 나누어 주기 위해 세 딸을 부른다. 아버지를 많이 사랑하는 자녀에게 큰 땅을 주겠다고 이야기한다. 첫째 딸 고너릴과 둘째 딸 리건은 리어왕에게 아주 과장된 사랑의 찬사를 늘어놓으며 아버지의 비위를 맞춘다. 셋째 딸 코딜리어는 아버지를 사랑해도 배우자가 그 사랑을 대신할 수 있다고 말한다. 언제까지나 아버지만을 사랑할 수 없다. 사실 맞는 말이다. 리어왕은 가장 사랑했던 코딜리어에게 그런 말을 들으니 화가 났다. 바로 코딜리어와 단절하고 두 딸에게만 땅을 준다. 결과는 어떠했을까. 생각하는 그대로다. 두 딸은 아버지를 배신했다. 아버지를 구하려다 코딜리어는 죽고 리어왕은 절규한다.

리어왕은 자신이 듣고 싶은 소리만 들으려 했다. 방어기제는 불편한 감정을 피하고 싶기에 무의식적으로 나타난다. 회피한 감정은 너무 깊숙이 박혀 직면하기 위해 접근할 때 방해가 된다. 격한 감정을 전혀 다른 곳으로 표출해서 갈등이 생기기도 한다. 리어왕이 코딜리어와 단절을 선언한 것처럼 말이다. 본인이 진정으로 필요한 것을 잘못된 선택으로 인해 얻지 못한 것이다. 방어적인 행동은 자신에 관한 어떤 진실을 들었을 때 그걸 인정하고 싶지 않은 것이다. 리어왕은 코딜리어가 말한 진실을 인정하지 못했다.

방어기제는 자아가 위협받는 상황에서 다르게 해석한다

방어기제는 감정적 상처로부터 자신을 보호하기 위한 무의식적 수단을 말한다. 개념은 정신분석학자 지그문트 프로이트*Sigmundd Freud*가

제시한 개념이다. 프로이트는 이드*id*, 자아*ego*, 초자아*super ego*라는 정신 구조의 세 가지를 이야기했다. 이드는 원초적 쾌락이다. 본능적인 것으로 성적 욕구, 공격적 욕구 등이 해당된다. 초자아는 엄정한 양심, 이상을 나타낸다. 이 둘은 상호 배타적이다. 쉽게 말해서, 자아는 고집 세고 자기 멋대로인 안하무인과 앞뒤가 막혀 답답한 모범생 사이를 조율해야 하는 책임이 있다. 현실과 쾌락의 균형이 필요하기 때문이다. 그래서 자아는 외부의 제약이나 규율 같은 현실원칙도 고려한다. 자아는 내, 외적인 요구사항을 적당히 수용해야 한다. 상호 간의 타협하는 길을 모색하여 정신적으로 균형이 유지되기 위해 자아는 방어기제를 사용하게 된다. 자아가 완벽하게 기능하는 사람은 없다.

우리는 살아가면서 해결하기 힘든 여러 상황을 접하게 된다. 타인과의 관계에서 마음의 상처를 받게 되는 것들이 쌓여 축척이 된다. 그런 경험들은 비슷한 상황에서 더욱 조심하게 만들고 자신을 무의식적으로 방어한다. 인간이 불안이나 스트레스로부터 자신을 방어하고 보호하려는 것은 당연하다. 불안이 생길 때 자아는 두 가지 방법에서 하나를 선택하게 된다. 하나는 합리적인 문제 중심으로 대처하려는 것, 나머지는 방어기제를 사용하는 것이다. 방어기제가 안전하게 자신을 보호해주는 장치가 되기 때문이다.

방어기제는 보편적이고 필수적이다. 감정적 상처로부터 보호해주기도 하지만 종종 성장하고 만족스러운 삶을 방해하기도 한다. 모든 방어기제는 무의식적으로 작동한다. 병적이고 미성숙하고 신경증적인 방어기제가 뿌리 깊게 고착되어 버리면 타인과의 관계에서 갈등이 생긴다. 풍요로운 삶을 만들거나 자존감을 갖기 어려워질수 있다. 방어기제를 사용하지 않고 완전히 벗어날 사람은 아무도 없다. 수치심을 경험하는 상황이라고 하자. 같은 상황이라도 어떤 사람은 화를 잘 참는다. 반면, 어떤 사람은 불같이 화를 낸다면 두 사람의 방어기제는 다르다. 현재 자신이 사용하는 방어기제에 따라 수치심을 준 대상에게 몇 배로 갚을 수 있고 후일을 도모할 수도 있다.

자기 인식이 잘되어 있는 사람은 존재한다

〈리어왕〉의 작가 세익스피어는 "인간의 결점은 자신에게는 잘 보이지 않는다"라고 말했다. 방어기제는 무의식적이다. 스스로 깨닫기 어렵다는 말이다. 리어왕이 자신의 문제를 깨달았다면 코딜리어를 잃지 않았을지도 모른다. 방어기제를 깨닫기 위해서는 다른 사람의 도움이 필요하다. 조언을 주는 가족, 주변 친구, 지인, 상담사일 수도 있다. 상담 초기에 '자기 탐색*self-monitoring*' 과정을 거친다. 자기 탐색을 통해 자기감정을 인식한다. 영국의 정신분석학자인 도널드 멜처*Donald Melter*는 "방어기제는 본질적으로 우리가 고통을 피하기 위해 스스로에 하는 거짓말"이라 말한다. 고통을 좋아할 사람은 없다. 누구나 힘든 고통에서 벗어나고 싶고 아픈 상처를 마주했을 때 속이고 싶을 것이다.

때로는 고통에 직면해야 한다. 고통을 회피했을 때 그 순간에는 마음이 편할 수 있다. 하지만 장기적으로 보았을 때 상황이 더 악화된다. 자신의 진짜 감정과 마음이 방어기제 뒤로 숨어버리면 스스로 소외되거나 만족스러운 삶을 살아갈 수가 없다. 방어기제에 지나치게 의존하는 것은 빽빽한 갑옷을 입고 돌아다니는 것과 같다고 말한다. 불편한 갑옷을 입고 돌아다니는 것을 상상해보자. 얼마나 무겁고 답답할까.

바쁜 일상에서 오는 스트레스, 중압감, 타인과의 관계, 일 등등 다양한 것들로 인해 삶은 평화롭지 않을 때가 많다. 한 번쯤 '내 문제가 뭘까?, 나는 왜 매일 공허한 기분이 들까?, 사람들과의 관계는 왜 이렇게 힘들까?, 내 기분은 왜 매일 우울할까? 등 끊임없이 부정적인 언어로 자신에게 질문했던 적이 있을 것이다. 그 해답을 방어기제에서 찾아야 한다. 자아의 방어기제가 정상적인지 병리적인지에 대한 구분은 균형과 강도, 연령에 적절성, 철회 가능성으로 구별한다. 철회 가능성은 자아에 대한 위험을 막기 위해 사용되는 방어가 위험이 사라지면 사용되지 않는 것을 말한다. 일반적으로 유아들은 퇴행 행동을 한다. 성인이 어린아이처럼 행동한다면 문제가 된다는 뜻이다.

방어기제의 균형이 이루어져야 건강한 삶을 살 수 있다. 방어기제는 정상적인 상황에서도 사용된다. 내가 어떤 방어기제를 주로 사용하는지 알 수 있으면 자신을 건강하게 재배치시켜 줄 수 있다. 방어기제는 불안을 해결하기 위해 쓰기에 병리적인 기능이 내포되어 있다. 그래서 방어기제를 과다하게 사용하거나 습관화되면 심각한 정신 증상을 야기시킬 수 있다. 우리는 불안하고 자신이 안전하지 못하다고 생각할 때 방어기제를 쓴다. 자아가 건전하게 발달할 수 있도록 적절한 환경을 만드는 것이 필요하다. 그리고 성숙해져야 한다.

방어기제는 의지가 약하고 자신을 합리화시키기 위해 쓰는 것이 아니다

방어기제는 우리의 삶에서 완충제 역할을 하면서 피해를 최소화시키는 것이다. 피해 자체를 회피하거나 왜곡시키는 것이 아니다. 분석심리학자 칼 구스타프 융*Carl Gustav Jung*은 “우리가 부정하는 것이 우리를 굴복시키고, 받아들이는 것이 변화시킨다.”라고 말했다. 상황에 대해 합리적으로 생각하고 직접 부딪쳐서 해결하는 것이 필요하다. 방어기제는 한 사람의 성격 전반에 영향을 미치기 때문이다. 도망가거나 숨지 말아야 한다. 방어기제는 나이와 상관없다. 60대가 30대에 보다도 더 미성숙할 수 있다. 무의식적으로 나타나기에 어떤 방어기제를 쓰는지 지각조차 하지 못하는 경우가 많다.

방어기제는 성숙도에 따른 서열로 나눈다. Kaplan & Sadock(1989)의 자아방어기제 단계와 우리나라 전래속담을 기초로 제작된 이화 방어기제 검사(김재은외 3, 1991)를 참고하여 자아도취적(자기애적) 방어기제, 미성숙적 방어기제, 신경증적 방어기제, 성숙한 방어기제, 기타 방어기제에 대해 살펴볼 것이다. 각각의 방어기제 유형을 통해 자신의 삶과 대립시켜보고 현재 자신을 탐색해보자. 앞으로 이 글을 읽는 독자들이 스스로 삶을 변화시켜 나갈 수 있는 '자가 치유사'가 되기를 소망한다.

목차

2장 감당하기 힘든 현실을 피하고 싶은 : **미성숙적 방어기제**

3장 내적 갈등과 충동을 숨기고 싶어: **신경증적 방어기제**

4장 건설적이고 친절한 공감 : 성숙한 방어기제

5장 기타 방어기제

1장

공상 속에 살고 있는 : 자아도취적 방어기제

꿩은 머리만 풀에 감춘다: 부정

잘 되면 내 탓! 안되면 조상 탓!: 투사

감나무 밑에 누워 연시 입안에 떨어지기 기다린다: 왜곡

꿩은 머리만 풀에 감춘다
:부정(Denial)

30대 초반인 L 씨는 혼전임신을 했다. 지금의 남편과 하룻밤에 아이가 생겼다. 남편이 딱히 마음에 드는 것은 아니었으나 아이를 지우는 것은 생각지도 못한 일이다. 둘은 결혼했고 큰 아들이 태어나고 7년을 살면서 둘째 아들도 태어났다. 부부는 갈등이 심했고 L 씨는 늘 이혼하고 싶었다. 큰 아들에 대한 마음은 매우 양가적이었다. 아들은 사랑하지만 만약 없었다면 남편과 결혼하지 않았을 것이라고 자주 생각했다. 그러다 큰 아들이 집 앞 골목에서 놀다 후진하던 차에 그대로 사망했다. 충격이 컸고 큰 아들의 죽음을 인정하지 못했다. 자신 때문에 죽은 것 같다는 죄책감에 사로잡혔다. 시간이 오래 지나도 아이를 놓아 주지 못하는 아내로 인해 남편과의 관계는 더욱 악화되었다.

L 씨는 '부정 *Denial*' 방어기제를 사용하고 있다. 부인 혹은 부정이라고

부른다. 우리나라 속담 중에 '꿩은 머리만 풀에 감춘다'라는 말이 있다. 급하게 몸을 숨기다 보니 겨우 머리만 풀 속에 묻는다는 뜻이다. 머리만 풀에 감춘다고 보이지 않을까?. 어리석게도 꿩은 자신이 숨었다고 안심하다가 발각된다. 우리는 살면서 감당하기 어려운 사건이나 상황을 접하게 된다. 그런 상황을 인정하기 거부하게 된다면 머리만 숨기게 되는 꼴이다. 일단 당장은 그 상황에서 벗어난 듯 보이지만 장기적으로 보았을 때는 오히려 악순환이 반복된다.

현실의 고통스러운 면을 인정하는 것을 회피하려 한다

부정은 현실의 고통스러운 측면을 회피하고자 하는 방어기제다. 가장 흔히 사용되며 삶 전체에 영향을 미친다. 삶이 늘 즐겁고 행복하고 유쾌하면 좋겠지만 그럴 수 없다. 판도라의 상자가 열리는 순간 고통, 괴로움, 욕심, 시기, 원한, 질투, 슬픔, 미움 등 재앙이 이미 인간 세상으로 쏟아져 나왔다. 이런 감정들은 결코 피해갈 수 없다. 잘 생각해보면 인생에서 고통이나 힘든 상황을 겪어봐야지 성장할 기회가 생긴다.

온갖 역경을 견디고 벗어나야 비로소 판도라의 마지막에 남겨있던 희망이 보인다. 고통을 회피하거나 부인한다고 해서 있었던 일이 없어지는 것은 아니다. 직면하고 고통을 감내해야지만 새로운 삶이 있을 수 있다. 하지만, 과도한 부정 방어기제는 두려움에 대해 직면하기보다는 도망가기를 권유한다. 진짜 기분을 받아들이기 힘들어 그 순간 마음을 보호하기 위해 현실을 지속적으로 부인하게 되는 것이다. 불안해서 술을 마시거나 어딘가에 몰입해 중독에 빠지는 것도 부정의 형태로 볼 수 있다. 근본적인 두려움에서 벗어나고 싶어 자신에게 해로운 방법을 택했다.

때로는 부정 방어기제가 도움이 될 때도 있다. 너무 감당하기 힘든 상황들을 경험했을 때 잠시의 부정은 필요하다. 어머니가 병환으로 돌아가셨다고 하자. 슬프고 힘든 상황이지만 장례식도 치러야 하고 오는 문상객도 맞이해야 한다. 그 잠시만은 부정을 통해 자신의 마음을 숨겨야 장례식을 무사히 마칠 수 있다. 만약 운전 중이나 높은 건물 안에 들어갔을 때 '혹시 누가 내 차를 박으면 어떡하지.','갑자기 건물이 무너져버리면 어떡하지.' 등의 지속적인 생각으로 불안감을 초래한다면 운전이나 밖으로 나가는 것조차 두려울 것이다. 하지만 이런 위험을 부정하기 때문에 운전도 하고 밖으로 나오게 된다.

부정에는 3가지가 있다. 첫째는, 현실과 불편한 사실 모두를 부정하고 싶은 간단한 부정이다. 둘째는, 축소하는 부정으로 사실은 인정하지만 심각성에 대해서는 합리화시키려는 거다. 마지막은 투사다. 현재 일어난 사실과 심각함을 인정하는 대신 남을 탓하는 것으로 책임을 전가하면서 부정한다. 부정을 '자기기만적 조증'이라고 부르는데 이유가 있다. 자기기만은 사실과 다르거나 진실이 아닌 것을 합리화하면서 사실로 정당화하는 것이다. 쉽게 말해, 사실이 아닌 일이나 반대되는 사건에 대해 증거가 충분히 있음에도 불구하고 사실과 다른 방향으로 합리화하면서 믿고자 한다.

'자기기만*Self Deception*'은 원래 '대인기만*Interpersonal deception*'에서 파생된 개념이다. '조증*Mania*'은 말 그대로 비정상적으로 느끼는 기쁨을 말하며 지나치게 낙관적이다. 낙관성이 높은 사람일수록 부정 방어기제를 자주 사용할 수 있다. 누군가를 좋아하는 마음을 숨기고 그 마음을 인정하지 않는 것도 부정 방어기제에 해당한다. 자기기만적 조증은 사실을 왜곡하고 합리화시켜 다른 방향으로 지나치게 낙관적으로 받아들인다. 그러니 암에 걸렸다고 아무리 의사가 이야기해도 믿지 않는다. 그리고는 자신에게 편리한 방법을 택하며 스스로 기만하는 행위를 한다.

부정의 대상이 감정일 수도 있다

부정의 대상이 상황이나 환경이 아닌 감정일 수 있다. 스스로 그 감정을 용납할 수 없을 때 부정을 사용한다. 용납할 수 없는 감정이 무얼까? 물론 누군가를 죽이고 싶거나 살인을 하겠다는 감정은 용납될 수 없다. 여기서 말하는 것은 그런 것이 아니다. 어릴적 성장과정에서 감정억압이 이루어진 경우다. 자신의 감정을 제대로 표현하지 못하고 참아야 했던 환경이다. 예를들어,'남자는 울면 안돼.' 라는 가정 내 규칙이나 가치관으로 인해 슬픔이라는 감정을 억압한다. 또 화가 나는 상황에서도 그 감정을 부인하며 화나지 않는다고 말한다.

아내는 늘 남편의 생일을 챙겨주었다. 남편은 매번 아내의 생일을 잊어버리고 넘겨버렸다. 이런 상황에서 화나거나 서운한 것이 맞다. 하지만 아내는 남편을 이해하는 것처럼 말하며 '괜찮아. 그럴 수도 있어. 난 화나지 않았어.' 혹은 '서운하거나 속상하지 않아.'라고 생각한다. 아내는 어린 시절 가정 내에서 한 번도 부모님이 생일을 챙겨준 적이 없다. 불우한 환경 속에서 자란 그녀는 감정이 억압되어 있었다. 솔직한 자신의 감정마저도 스스로 부정하고 숨기게 되는 것이다.

어쨌든 감정을 부정하는 것은 우리 자신의 인식을 부정하는 셈이다. 진짜 기분이나 감정을 들여다보기보다는 부정 방어기제를 통해 인지하기를 거부하는 것이다.

감정의 부정은 연인들 간에서도 나타날 수 있다. 상처받기 싫어서 썸 만 타고 싶다고 어느 방송에서 연애 고민을 털어놓은 방송인이 있었다. 그녀는 나는 좋아하는 데 상대방의 마음을 그렇지 않을까 봐 누군가와 관계를 맺는 것이 두렵다고 했다. 사실 자신을 정말 불안하게 만드는 것이 있다. 그것을 찾지 못하면 부정이라는 방어기제를 통해 계속 썸만 타려고 하고 제대로 된 연애나 결혼까지 이어질 수 없다.

트로이의 마지막 왕 프리아모스의 딸인 카산드라는 빼어난 미모는 물론 미래를 예측하는 능력이 있었다. 태양의 신, 예언의 신인 아폴론은 카산드라의 미모에 반해 사랑을 고백한다. 아폴론의 사랑을 받아주는 조건으로 카산드라에게 예언 능력을 준다. 예언 능력을 받은 카산드라는 마음이 바뀌어 아폴론의 마음을 거부한다. 이에 화가 난 아폴론은 카산드라의 설득력을 빼어버린다. 예언을 할 수는 있으나 그 누구도 예언을 믿지 않을 것이라는 저주를 내리게 된다. 사실 카산드라는 신이 아니기에 아폴론처럼 평생 젊음을 유지하고 살 수가 없다. 인간인 자신은 늙고 병들어서 언젠가는 아폴론이 자신을 버릴 것이라는 두려움을 갖고 있었다. 부정 방어기제는 카산드라처럼 문제에 대해 직면하기보다는 회피를 선택한다.

신경증적 상태의 부정 방어기제는 현실을 왜곡시킨다

사람들은 자신이 듣고 싶은 것만 듣거나, 믿고 싶은 것만 믿으려는 경향이 있다. 때로는 부정이 긍정적인 역할도 한다고 앞서서 이야기했다. 부정 방어기제는 현실의 사건이나 감정을 감당할 수 없을 때 나타난다. 인정하지 못하기에 회피하거나 공상으로 도피하며 기분 좋은 현실로 일시적으로 대체시키려고 한다. 예를 들어, 어머니가 사망했지만 인정하지 못하고 몇 일 동안 다른 곳에 가셨다고 생각한다. 지속적이고 과도한 부정 방어기제가 작동하면 마치 어머니가 살아 있는 것처럼 행동하는 등의 현실 왜곡의 형태가 나타난다. 시간이 길어질수록 일상생활에서 벗어나 자신만의 세계 속에 고립된다.

L 씨는 어떻게 되었을까? 그녀는 현실을 받아들일 수가 없었다. 집 앞 골목이라 안전하다고 생각했다. 그렇지만 문 앞에서 놀던 아이가 죽었다. 어느 부모도 인정하고 싶지 않을 것이다. 특히 그녀는 큰 아들을 원망했던 부분이 있었다. 아이가 없었다면 결혼하지 않았을 것이라는

생각을 자주 했기에 죄책감에서 더욱 벗어나기 힘들었다. 부정 방어기제 속에 갇혔던 그녀에게는 둘째 아들이 있었다. 몇 년을 방황하는 그녀는 상담을 통해 남겨진 둘째 아들을 볼 수 있었다. 힘든 여정이었지만, 남편과의 관계도 회복하려고 애썼고 아이도 생겼다. 큰 아들을 마음에 묻고 새로운 생명을 통해 삶을 더 잘 살아가기 위해 노력하기로 했다. 방어기제는 인식할 수 있다면 얼마든지 변화할 수 있다. 무의식적으로 나타나기에 인지하기가 어렵다. 자신을 살피고 주변에서 하는 말들을 귀담아들을 필요가 있다. 회피하지 않고 직면하기 위해서 말이다.

- 부정 *(Denial)*

부정 방어기제를 자주 사용할 경우, 현실도피 경향이 강해지고 문제 해결 능력이 떨어지게 된다. 상상이나 공상을 통해 일시적으로 도피하고자 하며 현실의 고통을 회피하려 사용한다. 부정을 사용하면서 일시적으로 정서적으로 안정을 누릴 수 있으나 장기적으로는 오히려 악효과를 부른다.

체크 박스

1. 모르는 게 약이라고 생각하고 골치 아픈 일은 깊이 생각 하지 않는게 낫다.

그렇지 않다. □ 가끔 그렇다. □ 자주그렇다. □

2. 나는 누구의 도움도 필요로 하지 않는 사람이다.

그렇지 않다. □ 가끔 그렇다. □ 자주그렇다. □

3. 나의 장래에 어떤 나쁜 일이 생길 수 있다고 생각하지 않는다.

그렇지 않다. □ 가끔 그렇다. □ 자주그렇다. □

4. 나를 나쁘게 말할 사람은 아무도 없다.

그렇지 않다. □ 가끔 그렇다. □ 자주그렇다. □

5. 나는 이성(여자는 남자, 남자는 여자)에 대해 전혀 관심이 없다.

그렇지 않다. □ 가끔 그렇다. □ 자주그렇다. □

● 그렇지 않다. 1점 / 가끔 그렇다. 2점 / 자주 그렇다. 3점

15점 만점에 7.5점 이상이면 부정 방어기제를 사용하고 있는 것으로 본다.

<출처: (이화방어기제 검사, 김재근, 이근후, 김정규, 박영숙, 1991) 10문항 중 5문항 선별사용한 논문: 청소년의 스트레스와 방어기제와의 연구에서 발췌 >

잘되면 내 탓! 안되면 조상 탓!
:투사(Projection)

50대 초반인 A 씨는 어릴 적 공부를 꽤 잘했다. 학교에서도 성적이 우수했었고 상위권에 있었다. 서울에 있는 대학을 나와 강사로 활동 중이다. 그녀는 19살인 둘째 딸과 늘 갈등 관계다. 큰딸은 공부도 잘하고 좋은 대학에 바로 합격했다. 자유로움을 꿈꾸며 공부와는 담쌓고 지내는 둘째 딸과는 매일 전쟁이다. 꽤 보수적인 가정에서 자란 A 씨는 공부를 게을리하는 행동을 용납할 수 없었다. 딸이 왜 그렇게 사는지 모르겠다고 상담할 때마다 불만을 토로한다. 그녀의 잠재된 무의식에는 놀고 싶은 마음을 억압하고 공부만 했던 자신이 있었다. 자신은 둘째 딸을 사랑하는데 오히려 딸이 자신을 좋아하지 않는다고 말한다.

우리나라 속담에 "잘되면 내 탓이고 안되면 남 탓이다."라는 속담이 있다. 내 잘못을 인정하고 싶지 않을 때 우리는 남 탓을 한다. A 씨는 '투사 projection'방어기제를 사용하고 있다. 억압되었던 소망이 딸에게로 투사되어 자신이 못했던 행동을 하는 딸이 밉다. 투사 방어기제가 작동하면 모녀 관계가 아니라 같은 여성으로 경쟁상대가 된다.

자신 믿고 싶은 것만 믿으려고 하고 옳다고 생각한다

'투사'는 자신의 마음 어느 한 부분의 불편함이나 인정하기 싫은 것들의 원인을 다른 대상에게 돌리는 것을 말한다. 누구나 상처를 회피하고 안정감을 유지하고자 한다. 그렇기에 방어기제를 쓰지 않는 사람은 없다. 투사는 자아도취적(정신증적) 방어기제에 해당한다. 투사 방어기제가 발동하는 이유는 자신이 선善하고 정당하고 우월하다는 모습을 보호하기 위해서다. 내면에 부정적인 생각, 욕구, 충동을 외면하는 데서 비롯된다. 투사는 자신의 결점을 어떤 사물이나 다른 사람의 탓으로 돌림으로써 자신의 불안을 해소하는 것이다. 책임 전가의 모습이 다분히 보인다. 마음속에서 인정하고 싶지 않은 감정을 쓰레기통에 담는 그릇으로 다른 사람을 선택하는 것이다.

우리나라 설화 中 〈거울을 처음 본 사람들〉의 이야기가 있다. 산골에 사는 여자는 청동거울을 남편에게 구해 달라고 말한다. 서울에서 남편이 청동거울을 사 오지만 부부 모두 처음 접해본 물건이다. 아내는 거울 속에 여자를 보고는 어디서 젊은 첩을 데리고 왔다고 화를 낸다. 그 말에 남편이 거울을 보니 웬 남자가 있어 아내가 낯선 남자를 원하였던 것으로 알고 분노한다. 부부가 거울을 들고 관가에 가지만 원님 또한 거울을 보고 그 안에 관복을 입은 관원이 있어 신관이 부임한 것으로 알고 놀란다. 부부와 원님은 거울이 무엇인지 알려고 하지 않았다. 여기서 중요한 것은 보여지는 것에만 초점을 맞춘다는 것이다. 거울처럼 투사는 자신 믿고 싶은 것만 믿으려 하고 옳다고 생각한다.

게슈탈트Gestalt(형태) 심리학에서는 "모든 타인은 나를 비추는 거울이다"고 말한다. 타인에 대해 어떤 생각을 품거나 말하는지 모두 나의 내면에 있다. 그 요소들이 거울처럼 되비치는 현상일 뿐이라는 것이다. 내면에 억압된 부정적인 감정이 많은 사람일수록 타인에 부정적인 면을 보게 된다. 더 자주 타인에게 분노를 경험할 수밖에 없다. 남에게 보이는 관심을 반만 줄여도 생이 한결 편안해질 것이다. 보통 남에게 보이는 관심은 대체로 시기심, 의존성 등의 감정이 더 많기 때문이다. 거울에 비친 자신의 모습을 보고 부정적인 영향을 받는다면, 자신을 직면하는 것이 힘든 사람이다.

본인이 보는 타인의 모습은 거울이다. 다른 사람에게 비춘 자신의 부정적인 면이 보여서 싫은 것이다. 사실은 더 나은 삶을 살기 위해 자신의 어두운 면과 마주해야 하는데 두렵다. 분석심리학자 구스타프 칼 융Carl Gustav Jung은 '그림자shadow'에 대해 말한다. 그림자는 어두운 인격의 한 부분이다. 어느 땐가 자신의 인격으로 인식한다고 해도 그것을 인정하고 수용하기가 쉽지 않다. 자신의 일부로 수용하고 싶지 않은 거부감이 내면에서 작용하기 때문이다. 우리는 인생 초기의 경험이 자신에게 어떤 영향을 주는지 인식하는 것이 필요하다. 비판적이고 애정이 없는 부모로부터 생겨났을 수도 있지만, 반드시 그것만은 아니다. 자신 안에서 스스로 부정적인 사고의 충동이나 수치심, 당황 등 불편함이 나타나기도 한다.

인정하고 싶지 않은 나의 모습을 타인을 통해 직면하게 되는 것이 두렵다

사람들은 각자 자신만의 스크린을 가지고 있다. 자기 마음에 떠오르는 영상은 사람마다 다르다. 객관적인 시각이 없고 모두 자기 입장에서 바라보는 주관적인 시각이다. 개인마다 자라온 가정환경과 부모 양육방식이 다르기에 스크린도 제각각이다. 긍정적으로 작용할 수도 있지만 특이한 모양을 하거나 비뚤어지고 부정적인 스크린을 갖게 되기도 한다. 남이 나에게 특별한 이유 없이 비난한다면 사실 그건 그 사람의 스크린인 셈이다. 자신에 대한 부정적인 감정을 스스로가 아닌 자신과 비슷한 타인에게 투사시켜 상처를 주려는 것이다.

때로는 투사 방어기제를 쓰는 대상으로 인해 상처를 받을 수 있다. 하지만 받고 안 받고는 사실 전적으로 내 몫이다. 예를 들어, 스스로 외모에 대해 만족스럽지 않게 생각하고 있다고 하자. 타인에게 외모에 대한 비하 발언이나 부정적인 이야기를 들었을 때 상처받는다. 왜 상처를 받는 것일까? 타인의 말을 인정해서다. 외모에 대한 긍정적인 자기 신념이 확고하다면 절대 받아들이지 않는다. 나의 시각에서 보는 타인의 모습, 남의 말에 신경 쓰이는 나의 모습, 내가 타인에게 말하려고 하는 것 등 모두가 투사로 귀결될 수 있다. 그렇기에 투사를 이해하지 못하면 상처받는 것이다.

투사는 내가 용납할 수 없는 욕구, 생각 등 인정하고 싶지 않은 모습을 오히려 상대방에게 떠넘긴다. 내가 화가 났지만 인지하지 못하는 경우가 그렇다. 자신의 감정을 인식하지 못하니 상대방이 화가 났다고 생각한다. 그리고는 '왜 화를 내세요?'라고 말한다. 본인도 격양된 목소리와 화내는 말투로 이야기를 하지만 전혀 인지하지 못한다. 왜 자신의 감정을 인지하지 못할까? 그냥 자신이 화났다는 것을 받아들이고 싶지 않은 것이다. 50대 여성 A 씨처럼 말이다. A 씨는 자신이 둘째 딸을 미워하는 마음을 받아들일 수 없다. 그래서 자신이 아닌 딸이 A 씨를 미워한다고 생각하는 것이다. 투사의 주된 특징이 감정을 느끼는 주체가 바뀌는 것이다. '나는 너를 미워한다'가 '너는 나를 미워한다'로 바뀌거나 '나는 나 자신을 벌주고 있다'에서 '그나 나를 벌주고 있다' 등의 형식으로 객관적 불안으로 바꿔버린다. 자신의 특성을 의식하지 않고 다른 사람에 덧씌우는 행동이 가장 기본적인 투사의 형태다. 투사는 스스로 마음에 들지 않은 특성을 억압하려 한다. 동시에 타인에게 투사하여 마치 '내가 아니라 타인이 그런 특성이 있다.'라고 말하는 것처럼 행동한다. 의처증, 의부증의 형태도 투사의 모습이다. 스스로가 부도덕한 성적 욕망을 가진 경우 자신의 욕망을 배우자에게 투사한다.

상대를 보고 내 무의식 속에 잠재된 것을 투사하는 것이다

타인이 잘못했을 때 자신이 말하는 습관, 행동, 충고는 자기의 무의식 속에 있는 투사적 측면이다. 타인이 잘못 했더라도 그에 대한 반응은 타인을 보면서 자신의 무의식 속에 잠재된 것을 투사하는 것이다. 이때 자신의 감정을 타인에게 덮어씌우게 된다. 그렇게 나타난 사고, 감정, 행동, 태도는 남의 것이 아니라 잠재된 내 모습이다. 심리학 박사 헬렌 슈크만*Helen Schucman*의 저서 〈기적 수업〉에 이런 말이 있다. "공격성과 심리적 투사는 필연적으로 관련되어 있다. 왜냐하면 투사는 항상 공격성을 정당화하는 수단이 되어 주기 때문이다. 투사 없이 분노할 수 없다. 그것은 당신이 자신 안에 있는 그러나 원치 않는 무언가를 배척함으로써 시작되며, 이로 인해 당신은 형제들로부터 배척당하게 된다." 결국 투사가 일어난다면 스스로 들여다보라는 말이다. 이들은 자신의 모습을 보려고 하지 않기 때문이다.

투사라고 해서 무조건 나쁘다고만 할 수 없다. 성숙한 투사는 공감의 밑거름이 되기도 한다. 누구도 타인의 마음속에 들어갈 수는 없다. 타인의 주관적 세계를 이해하기 위해서 자신의 경험을 투사할 수 있어야 하기 때문이다. 반면, 미성숙한 투사는 악성 적이다. 위험한 오해와 대인관계의 손상을 초래하기 때문이다. 투사의 대상을 심각하게 왜곡하거나 투사되는 행동이 자신이라고 결코 인정하려 하지 않는다.

자신의 삶에 책임을 지고 앞으로 나아가지 못하게 방해한다. 늘 남

탓하며 책임을 전가함으로써 타인과의 관계에서 좋은 관계를 유지하기 어렵다. A 씨는 남편과 관계가 소원하다. 사실 부부관계의 갈등은 자녀에게 영향을 미치기도 한다. 그녀에게 일단 자녀와의 관계보다는 부부 상담을 먼저 받아볼 것을 권유드렸다. 자신이 해결해야 하는 감정 쓰레기를 타인에게 떠넘기는 행동은 결코 성숙하지 못하다. 자신에게 좀 더 사랑과 관심을 주어야 한다. 불편한 감정을 직면할 수 있는 용기도 필요하다. 투사라는 방어막을 걷어내면 훨씬 삶을 긍정적으로 이끌어 갈 수 있다.

이들은 필수적으로 공감 능력과 통찰력을 기르는 것이 중요하다. 타인의 감정을 이해하도록 노력해야 한다. 또한 자신이 쓰고 있는 말투와 언어는 어떤지 점검해보자. 반복해서 사용하는 말은 세상을 바라보는 태도에 많은 영향을 미칠 수밖에 없다. 부정적인 언어를 주로 사용하고 있다면 그것부터 바꾸기를 실천해야 한다. 자신의 내면의 소리에 귀를 기울이고 통찰을 통해 건설적인 믿음으로 변화되려고 노력해야 한다.

- 투사(*Projecteion*)

투사 방어기제를 자주 사용할 경우, 스트레스와 불안한 감정이나 사고 및 책임을 타인에게 전가한다. 과도할 경우는 타인을 의심하고 경계하며 현실 왜곡이 나타날 수 있다.

체크 박스

1. 다른 사람들이 나를 어떻게 생각하는지 늘 관심이 많다.
   그렇지 않다. □ 가끔 그렇다. □ 자주그렇다. □

2. 가끔 이유없이 어떤 사람이 몹시 미워질 때가 있다.
   그렇지 않다. □ 가끔 그렇다. □ 자주그렇다. □

3. 남이 내 흉을 볼 것 같아 신경 쓰일 때가 있다.
   그렇지 않다. □ 가끔 그렇다. □ 자주그렇다. □

4. 내가 실수 하면 좋아할 사람이 있다.
   그렇지 않다. □ 가끔 그렇다. □ 자주그렇다. □

5. 일이 잘 안되면 남의 탓이라도 해야 마음이 편해질 때가 있다.
   그렇지 않다. □ 가끔 그렇다. □ 자주그렇다. □

● 그렇지 않다. 1점 / 가끔 그렇다. 2점 / 자주 그렇다. 3점

15점 만점에 7.5점 이상이면 투사 방어기제를 사용하고 있는 것으로 본다.

<출처: (이화방어기제 검사, 김재근, 이근후, 김정규, 박영숙, 1991) 10문항 중 5문항 선별사용한 논문: 청소년의 스트레스와 방어기제와의 연구에서 발췌 >

감나무 밑에 누워 연시 입안에 떨어지기 기다린다

: 왜곡(Distortion)

30대 G 씨는 어릴 때 음악을 좋아해 피아노를 배우다 학업을 위해 중학교 때 그만두었다. 그때 친구들은 모두 예고를 준비했다. 자신의 의지와 상관없이 일반 고등학교에 가게 되었고 그 뒤로 우울감이 찾아왔다. G 씨의 상황이 호전되지 않자 부모님은 다시 피아노를 배우게 하였다. 마침내 G 씨는 대학을 피아노 전공으로 입학하였다. 자신감이 붙었는지 졸업할 때쯤 다른 친구들보다 자신이 월등하다고 자부했다. 문제는 졸업 후였다. 그녀는 피아니스트가 될 줄 알았지만 성공하지 못했다.

그 이후로는 다시 피아노도 그만두고 일반직장에 취업했다. 삶이 만족스럽지 않았고 실력 있는 자신이 왜 이러고 있어야 하는지 화가 났다. 다른 친구들의 연주를 비판하면서 자신이 더 잘할 수 있다는 망상에 빠졌다. 우리나라 속담에 '감나무 밑에 누워 연시 입안으로 떨어지기 기다린다.'라는 속담이 있다. '왜곡 *Distortion*' 방어기제는 G 씨를 두고 하는 말이다. 자신에게 기회가 주어지지 않은 세상과 피아노를 그만두게 했던 부모를 원망했다. 그녀는 세상을 자신만의 안경으로 보고 있었다. G 씨는 자신이 망상적 우월감에 빠져있다는 것을 인지하지 못했다.

왜곡은 내적 욕구에 맞게 외부현실을 크게 변경시킨다

왜곡 방어기제는 비현실적이거나 과대망상적인 신념을 포함한다. 자신의 소망 충족 적인 망상이나 망상적 우월감에 빠진다. 자신의 욕구를 충족하기 위해 외부의 현실을 왜곡시킨다. 현실을 그대로 인정하지 않기에 어떤 상황이나 사실을 자신 생각대로 받아들인다. 어떻게 보면 적응력이 뛰어나다고 볼 수 있지만 결국은 병리적인 현상이다.

자신이 가지고 있는 신념이나 믿음이 서로 조화를 이루지 못하면 불편감을 느낀다. 애플의 창업자인 스티브 잡스는 23세에 만난 연인 사이에 딸이 있었다. 혼외 딸인 그녀의 존재를 그는 수년간 부정했다고 한다. 그녀는 자신의 비망록에 친부에게 인정받지 못하고 성장했었던 이야기를 기록했다. DNA 친자 확인까지 거쳤음에도 한동안 인정하지 않았다고 한다. 스티브 잡스는 자신이 인정하고 싶지 않은 취약성 부분을 왜곡했다. 그냥 믿고 싶은 대로 믿어버렸다는 것이다. 자신의 행동에 대한 개인적인 책임을 완강히 거부하는 것을 포함한다.

이미 300년 전 독일 철학자 임마누엘 칸트*Immanuel Kant*는 인간의 인식에 대해 "사진기처럼 현실을 있는 그대로 받아들이지 않고 화가처럼 자신의 선호도와 감정을 넣어 그린 풍경화 그림과 같다."라고 말했다. 현실을 있는 그대로 보기보다는 자기에 입장에서 유리하게 왜곡해서 받아들인다. 그래야 불안을 덜 느끼기 때문이다. 예를 들어, 오늘 상사가 자료를 제출하기로 한 날이라고 얘기했을 때, 나는 그런 말을 전혀 들은 적이 없다고 말할 수 있다. 내 기억력은 한번 도 틀린 적이 없고 항상 나는 메모하는 습관이 있다는 말로 자신의 기억을 왜곡 시킬 수 있다.

심한 망상적 우월감은 나르시즘에 빠지게 되기도 한다

그리스 신화에 등장하는 미소년 나르키소스*Narcissus*는 태어날 때부터 자신의 얼굴을 보지 않으면 장수 할 수 있다는 말을 들었다. 그래서 집안의 거울을 모두 치우고 살았다. 나르키소스는 아름다운 청년이었지만 누구의 마음도 받아주지 않았다. 실연당한 누군가 나르키소스도 고통스럽게 해달라는 소원을 빌었다. 소원을 들은 복수의 여신 네메시스*Nemesis*의 저주로 나르키소스는 호수에 비친 자신의 모습에 반해 그대로 빠져서 익사하고 말았다. 그의 이름에서 빗대어 나온 것이 '나르시즘*narcissism*'이다. 나르시즘은 '자기애'의 부정적 의미로 사용된다. 왜곡된 나르시즘은 건강하지 못하다. 잘못된 세상의 기준과 그릇된 조건에 자신을 맞추려는 행동이 나타난다.

왜곡 방어기제는 때때로 다른 사람과의 몰입에 혼동이 있기도 하다.

'내적 왜곡'은 마치 예수가 자신의 몸에 살고 있고 나의 기도를 항상 들어준다고 느낀다. 정상적인 신앙고백과는 차이가 있다. 심한 경우 망상적 우월감에 빠지고 자신은 '신新'적인 존재가 되기도 한다. 자신의 이미지를 과장되게 해석하기도 하고 지나치게 자아도취에 빠지기도 한다. 보통 사이비 교주, 독재자들에게 자주 나타나는 방어기제다. 자신은 대단한 사람이고 다른 사람이 못하는 일은 자신만이 할 수 있다며 특별한 사람이라 강조한다.

과거 정치인 중 공중부양과 행궁을 세우고 다큐멘터리에 나와 신비한 능력자라고 인터뷰 했던 방송을 본 기억이 있다. 왜곡 또한 무의식 차원에서 이루어진다. 자신이 정말 유일한 능력을 갖고 있다는 망상은 거짓이 아닌 현실이라고 믿는다. 망상인지 모르기 때문이다. G 씨는 피아노를 좋아했지만 엄청나게 잘하는 편은 아니었다. 능력이 있었다면 부모님도 다른 것을 선택하게 하지 않았을 것이다. 그녀는 피아노를 잘하기 위해 노력하고 연습하는 것이 없었다. 자신이 뭔가 대단하게 타고 났다고 착각하고 있었다.

왜곡은 자아 이미지를 과장되게 긍정적으로 지각하려고 한다

왜곡에는 자아도취적인 부분이 있다. 심한 현실 왜곡을 초래하는 경우 병리적으로 작용 되기도 하지만 때에 따라선 긍정적인 면도 있다. 자신이 하는 일에 과장된 의미 부여다. 대단한 일을 하고 있다는 왜곡된 생각은 성실하고 열심히 일하게 만들기도 한다. 왜곡은 부정 방어기제처럼 모두 인정하지 않고 회피하려고 하는 성질이 비슷하다. 하지만 왜곡을 좀 더 병리적인 기제로 보면 된다. 왜곡은 회피뿐 아니라 자신이 원하는 모습으로 재구성한다. 어떻게 보면 현실에 맞게 정보를 왜곡해서 편집하는 거다.

자신의 취약성이라 인정하고 싶지 않다면 왜곡 방어기제가 발동한다. 과거 잠시 만났던 남자가 있었지만 수치스럽다고 느낀다면 기억에서 지우고 싶을 것이다. 왜곡 방어기제는 기억 속에서 그 남자를 지우고 전혀 사귄 적이 없는 것처럼 편집한다. 진짜 사라지는 것은 아니다. 자신만 무의식으로 보내고 거부할 뿐이지 사귄 사실은 변함이 없다. 35세 B 씨는 20대 후반에 남자친구와 헤어지고 힘든 시기였다. 그때 한 달 정도 유부남을 사귀었는데 집착도 심했고 더 힘들었었다. 헤어지고 난 후 현재의 남편과 결혼했다. 유부남을 만났던 기억을 인생에서 지워버리고 싶다고 입버릇처럼 말한다. 다행히 그녀는 잘 지내고 있지만, 그렇지 못했다면 그녀 또한 왜곡 방어기제를 사용했을 수도 있다.

2012년에 개봉한 영화 〈데인저러스 메소드*A Dangerous Method*〉에 주인공 사비나 슈필라인(키이라 나이틀리)이 등장한다. 정신분석학의 대가 프로이트(비고 모텐슨)와 한때 그의 제자였던 융(마이클 패스벤더)의 관점에서 견해의 대립을 다룬다. 융을 만나 상담을 받는 과정에서 그녀는 독일어를 하는 천사를 등장시킨다. 슈필라인은 어릴 때 아버지의 학대를 경험했던 트라우마가 있다. 천사를 통해 고통을 피하고 자신의 이야기를 대신한다. 천사가 자신에게 전지전능한 능력도 준다고 믿는 등 왜곡 방어기제를 사용한다. 사비나 슈필라인은 훗날 정신분석가가 된다.

왜곡은 사건을 과장되게 긍정적으로 인식할 수도 있고, 혹은 부정적인 사건이지만 긍정적인 측면으로 왜곡해서 받아들이기도 한다. 때로는 순기능도 있겠지만 중요한 건 무의식적으로 일어나기에 자신은 알 수 없다. 주관적 인식을 왜곡하기에 주변환경과 모순되고 불일치하게 만든다. G 씨는 현실을 있는 그대로 직면해야 할 필요가 있었다. 더 이상의 회피도 안 되고 자신이 원하는 대로 시나리오는 나올 수 없다. 아무런 노력 없이 말이다.

- 왜곡(Distortion)

왜곡 방어기제를 자주 사용할 경우, 자아의 이미지를 과장되게 해석할 수 있으며 지나치게 자아도취에 빠질 수 있다. 현실을 왜곡할 수 있으며 심한 경우 사이비 교주나 독재자의 모습으로 나타날 수도 있다.

체크 박스

1. 나는 사람을 보면 그들의 인간성을 꿰뚫어 보는 능력이 있다.

그렇지 않다. □ 가끔 그렇다. □ 자주그렇다. □

2. 내가 마음먹기만 한다면 이 세상을 바꾸어 놓을 수 있을 것 같다.

그렇지 않다. □ 가끔 그렇다. □ 자주그렇다. □

3. 가끔 자신이 신비한 능력을 발휘할 수 있을 것 같은 느낌이 든다.

그렇지 않다. □ 가끔 그렇다. □ 자주그렇다. □

4. 내 가족이 하는 일은 좋은 쪽으로만 받아들이는 경향이 있다.

그렇지 않다. □ 가끔 그렇다. □ 자주그렇다. □

5. 나는 사람들을 감동시켜서 올바른 사람으로 만든 적이 있다.

그렇지 않다. □ 가끔 그렇다. □ 자주그렇다. □

● 그렇지 않다. 1점 / 가끔 그렇다. 2점 / 자주 그렇다. 3점

15점 만점에 7.5점 이상이면 왜곡 방어기제를 사용하고 있는 것으로 본다.

<출처: (이화방어기제 검사, 김재근, 이근후, 김정규, 박영숙, 1991) 10문항 중 5문항 선별사용한 논문: 청소년의 스트레스와 방어기제와의 연구에서 발췌 >

2장

감당하기 힘든 현실을 피하고 싶은 : 미성숙적 방어기제

윗물이 맑아야 아랫물이 맑다: 동일시

똥구멍으로 호박씨 깐다: 수동-공격성

사촌이 땅을 사면 배가 아프다: 신체화

물불 가리지 않는다: 행동화

아이 보채 듯한다: 퇴행

건넛산의 돌 쳐다보듯: 회피

윗물이 맑아야 아랫물이 맑다
:동일시(Identification)

20대 L 씨는 현재 대학교 2학년이다. 경영학을 전공하는 그는 학과 교수님을 존경하는 정도가 남달랐다. L 씨는 교수님께 잘 보이기 위해 발표 자료도 늘 열심히 준비했다. 처음에는 교수님도 L 씨에게 친절했고 성실한 제자로 인정해 주었다. 하지만 언제부터인가 교수님이 자신을 피해 다닌다고 했다. 문제는 그의 행동이 교수님과 비슷할 정도로 닮아간다는 것이다. 발표도 교수님과 비슷한 방식으로 하거나 말투와 억양도 닮게 사용하기 시작했다. 자신의 나이와 맞지 않는 교수님과 같은 스타일로 입고 다녔다. 교수님을 존경한다며 모든 면을 똑같이 하려고 했다.

우리나라 속담에 '윗물이 맑아야 아랫물이 맑다'라는 말이 있다. 윗사람의 태도와 행동을 나도 모르게 닮는 심리 기제를 '동일시*Identification*'

라고 한다. 동일시는 나와 남, 남과 남과의 경계를 불분명하게 인식하는 것이다. 단순히 흉내 내는 것으로 그치는 것이 아니다. 부모, 형제, 선생님 등 중요 인물이라 느끼는 대상을 닮아가려 한다. L 씨는 교수님의 말투 및 행동, 걸음걸이까지 닮아가려고 했다. 중요한 건 L 씨는 단순한 존경을 넘어서 병적인 동일시가 일어나고 있었다. 자신의 정체성은 사라진 체 오로지 교수님처럼 되고 싶었다.

동일시는 남의 행동을 쫓아가거나 나의 분신인 것처럼 일체감을 느낀다

처음 태어나서 아이가 가장 먼저 만나는 대상은 부모다. 부모의 말씨나 행동을 닮거나 배우면서 자란다. 아이는 성장하면서 넓은 범위의 사람들에게 영향을 받는다. 최초의 동일시는 어머니, 부모의 행동에서 이루어진다. 동일시는 자아 성장에 있어서 핵심적인 기전이다. 어릴 때 부모나 선생님, 그리고 친구 등의 행동을 동일시하려는 시도인 모방 놀이를 통해 다른 일을 할 수 있는 힘을 찾는다. 어릴 때 소꿉놀이 하면서 부모의 모습을 흉내 내 본 적 있을 것이다. 바람직한 동일시를 위해서는 주변에 좋은 관계를 맺고 있는 사람들이 있어야 한다. 동일시 방어기제를 높게 사용하는 사람은 스스로 선택하는 것이 어렵다. 자신의 중심이 없고 강하게 영향을 받는 대상과 밀착되어 있기에 의존적인 형태가 나타난다.

학교 폭력을 다룬 드라마 〈더 글로리〉를 들여다보자. 학교 폭력 피해자들은 실질적으로 드라마처럼 복수가 어렵다. 그 전에 가해자를 피해 도망가듯 학교를 떠나가거나 심신이 피폐해져서 정신과 병원에 입원하기도 하고 안타까운 경우 극단적인 선택을 하기 때문이다. 무섭지만 극한 폭력은 타살로도 이루어진다. 학교 폭력 피해자 문동은(송혜교 배우)은 자신을 괴롭혔던 박연진(임지연 배우)을 향해 복수를 계획한다. 문동은은 자신을 집요하게 괴롭혔던 가해자에 대한 두려움이 있다. 아이러니하게 자신의 내면에 가해자의 악함을 넣어 가해자와 동일시한다. 가해자만큼 자신도 파괴적인 힘이 있다고 믿는 것으로 두려움을 극복하며 견딘다. 폭력에 의한 두려움을 극복하기 위해 자기 안에 더 큰 파괴적인 힘이 있어야 한다고 믿는다는 것이다. 그래야 대항 할 수 있는 힘과 안전함을 느낄 수 있기 때문이다.

동일시 과정 자체라기보다는 양육자의 어떤 부분을 동일시하느냐가 더 중요하다

어릴 때 부모나 주변의 모델링이 되는 대상의 행동을 통해 동일시가 형성된다. 자신감과 자존감이 강화되도록 격려해주고 지지해주어야 한다. 오랫동안 건강한 동일시를 통해 성인으로 자라면서 개별화가 이루어진다. 남과 나가 분리되어야 한다는 것이다. 개별화가 되지 못하면 병적인 혹은 적대적(공격적)인 동일시의 형태가 나타난다. 동일시는 아동의 성격 발달에 영향을 준다.

동일시 과정 자체라기보다는 양육자의 어떤 부분을 동일시하느냐가 더 중요하다. 긍정적인 부분이 아닌 부정적인 부분을 동일시할 수도 있기 때문이다. 아동학대가 끊이지 않는 것도 가해자와 동일시다. 학대받고 자란 자녀가 나중에 다시 학대하는 악순환을 반복한다.

L 씨는 어릴 때부터 부모의 관심을 받지 못했다. 늘 인정받고 싶었는데 부모님은 항상 냉정했다. L 씨는 교수님을 닮아가면 그처럼 자신도 사람들이 자신을 인정해 줄 것이라고 믿었다. 그는 자신도 모르게 교수님에게 의존하고 있었다.

때로는 성장 과정에서 동일시를 잃어버리기도 한다. 청소년기에는 특히 건강한 동일시가 필요한 시기다. 즉, 긍정적으로 받아들일 수 있는 모델링이 꼭 필요한 시기라는 것이다. 이때 동일시를 통해 현실적인 목표를 발견하고 노력함으로써 자아가 발전하기 때문이다. 동일시 대상이 사라지거나 발견하지 못하면 '동일시 실패 *identification failure*'상태가 된다. 실패상태가 되면 혼란과 불편감을 경험한다. 결국 그것이 게임중독으로 이어지는 원인이 되기도 한다. 모방과 동일시를 혼동해서는 안 된다. 모방은 타인의 특정한 행동이나 장점을 따라 하는 것이다. 동일시는 이런 단순한 모방을 넘어 그 대상이 가지고 있는 가치까지 내면화시키는 것이다. 그렇기에 겉으로 보이는 외모만 모방하는 것이 아니다. 대상이 가지는 근본적 태도나 관점까지 자신의 것으로 받아들이기에 자칫 자기가 없어지게 될 수도 있다.

동일시 방어기제는 다양한 형태로 나타난다

동일시 방어기제가 일어나는 경우, 대상이 나에게 긍정적이든 부정적이든 중요하게 느끼는 사람들이다. 동일시는 다양한 형태로 나타나며 적대적(공격적) 동일시, 병적 동일시, 의존형 투사적 동일시, 힘의 투사적 동일시, 성性의 투사적 동일시, 환심 사기의 투사적 동일시로 보여질 수 있다.

적대적 동일시는 미워하고 싫어하는 대상을 닮는 경우다. 이런 경우는 흔히 볼 수 있는데 공격적 동일시라고도 한다. 상대방의 행동 중에서도 나를 정말 괴롭게 하는 특징만 따라 한다. 예를 들어, 자린고비처럼 인색한 아버지가 싫어 비난하면서도 자신도 돈을 아끼는 행위를 들 수 있다. 특히 폭력적인 아버지 밑에서 자란 아이가 나중에 똑같이 폭력적인 행동을 보이는 것도 마찬가지다. 혹은 TV에 나오는 범죄자의 행동이나 모습들을 따라하기도 한다. 과거 세상을 떠들썩하게 만들었던 희대의 탈옥수 신창원을 기억할 것이다. 신출귀몰한 신창원이 입었던 티셔츠가 불티나게 팔렸던 적이 있었다. 적대적 동일시의 형태다.

병적 동일시는 어떤 대상과 공생하려 한다. 그 대상이 가지는 생각, 가치관 등 힘을 나누어 가진다. 그 대상이 없어지거나 힘을 잃었다고 판단되는 경우 사라진다. 신흥종교집단이나 독재자를 맹신하는 것도 하나일 수 있다. 이들은 자기 자신이 없다. 오로지 믿고 의지할 대상만 필요하다. 안정된 동일시는 그 사람 전부가 되는 것이 아니라 그 사람의 배울 점을 가져와 자기화시키는 것이다. 앞서 말한 L 씨는 병적인 동일시로 보였다.

의존형 투사적 동일시는 가까운 사람에게 과도하게 의존하는 것을 말한다. 스스로 결정하는 것을 어려워하기도 하고 타인에게 결정까지 책임을 넘기기도 한다. 의존적이기에 주변인들을 쉽게 지치게 한다. 항상 누군가가 결정을 내려줘야 실행할 수 있고 독립적인 삶을 살 수가 없다. 힘의 투사적 동일시는 대인관계에서 자신이 주도권을 얻는 것에 집착하려 한다. 자신에 뜻을 따라오지 않는 사람을 비난하거나 무능력한 존재로 만들기도 한다. 이들은 상대를 마음대로 조종하려 든다.

성性의 투사적 동일시는 성을 대인관계의 확립, 유지의 수단으로 사용한다. 성적 어필을 통해 대인관계 형성을 하려는 경향이 크다. 자신에 대한 만족감을 얻지 못하고 성적 어필의 행위를 통해 집착하면서 사람들에게 다가간다. 자신의 의지대로 반응하지 않을 때 화를 내거나 성적 무능감을 느끼도록 유도한다. 환심 사기의 투사적 동일시는 주변인에게 자기희생적인 사람으로 보이기 쉽다. 자신이 헌신, 희생하는 태도를 이용해 타인의 마음에 죄책감을 심어주는 대인관계 양상을 보인다. 매우 자존감이 낮아 외부에서 자기 가치를 증명받으려 애쓰는 경향이 강하다.

대상만 온전히 믿고 의존하는 삶은 나의 에너지가 사라져간다는 것이다. 상대방이 자신의 우위에 있는 존재라는 생각은 스스로 삶의 주도권을 타인에게 넘겨주고 사는 것이다. 나는 어떤 사람으로 살아가고 있을까. 개별화 과정을 통해 내 삶의 주도권을 갖고 살고 있는지 말이다. L 씨는 아버지에게 인정받지 못해 좌절되었던 자신의 마음을 들여다볼 수 있었다.

- 동일시(Identification)

동일시 방어기제를 자주 사용할 경우, 자신의 부족함이나 불안감을 해소하기 위해 타인의 닮고 싶은 모습을 과도하게 따라 하려고 한다. 심각할 경우 상당히 수동적이게 되거나 타인 의존적일 수 있다.

체크 박스

1. 남의 좋은 행동을 보면 나도 그렇게 해보려고 한다.

그렇지 않다. □ 가끔 그렇다. □ 자주그렇다. □

2. 남들이 좋다는 것은 일단 해 보는 편이다.

그렇지 않다. □ 가끔 그렇다. □ 자주그렇다. □

3. 나의 행동을 이끌어 줄수 있는 강한 사람이 없으면 나는 불안해진다.

그렇지 않다. □ 가끔 그렇다. □ 자주그렇다. □

4. 가족 중 누가 기분이 상하면 나도 같이 우울해진다.

그렇지 않다. □ 가끔 그렇다. □ 자주그렇다. □

5. 영화나 만화를 보고 나서 영화 속의 주인공이 했던 것처럼 해보고 싶어진다.

그렇지 않다. □ 가끔 그렇다. □ 자주그렇다. □

● 그렇지 않다. 1점 / 가끔 그렇다. 2점 / 자주 그렇다. 3점

15점 만점에 7.5점 이상이면 동일시 방어기제를 사용하고 있는 것으로 본다.

<출처: (이화방어기제 검사, 김재근, 이근후, 김정규, 박영숙, 1991) 10문항 중 5문항 선별사용한 논문: 청소년의 스트레스와 방어기제와의 연구에서 발췌 >

똥구멍으로 호박씨 깐다
: 수동-공격성(Passive-aggression)

과거 방송에서 〈직장의 신〉이라는 드라마를 한 적이 있다. 직장인의 애환을 유쾌하게 풀어냈었다. 배우 김혜수가 맡은 미스 김 역할은 정말 다재다능한 캐릭터다. 미스 김은 자격증을 120개나 갖고 있고 자발적 비정규직을 자처한다. 드라마 속 비정규직 여성들이 자신들을 무시하는 정규직에 분노하는 과정이 나온다. 커피에 침을 뱉는 장면에서 소심한 복수를 하고 통쾌해한다.

한 번쯤 직장생활에서 개념 없는 상사를 만난 적이 있는가. 상사 커피에 침을 뱉고 소심하게나마 복수한 적이 있었을지도 모른다. 30대 S 씨는 2년 차 직장인이다. 최근에 그녀의 직속 팀장이 새로 바뀌면서 긴장 속에서 눈치 보는 일이 많아졌다. 일하다 문자가 와서 잠시 보았는데 팀장은 지나가면서 업무시간에 일 안 한다고 무안을 주었다. 당황해하는 그녀에게 장난이라며 지나갔다. 그 후로도 팀장은 S 씨에게 사소한 농담을 하거나 놀리는 행동을 즐겨 했다. S 씨는 불편했지만 참았다.

우리나라 속담 중에 '똥구멍으로 호박씨 깐다.'라는 말이 있다. 뒷전에서 일을 훼방 놓거나 골탕 먹이는 행동이다. 사건이 터진 건 두 달 정도 흐른 뒤였다. 중요한 회의를 위해 팀장이 S 씨에게 2시까지 자료를 준비하라고 지시하였다. 그녀는 급한 일을 먼저 처리하기 위해 잠시 미뤄놓고 아예 잊어버렸다. 결국 회의는 30분이나 늦게 진행되었다. 차장한테 질책받은 팀장은 S 씨에게 화를 냈다. 그녀그녀가 사용한 방어기제가 '수동-공격성 *Passive-aggression*'이다. 내면의 무의식적 분노가 결국 팀장을 난처하게 만드는 행동으로 표현된 것이다.

타인에게 겉으로 드러나지 않은 방해로 상대방을 화나게 한다

타인에게 욕설, 폭언, 폭력 등 능동적인 공격을 가하지 않는다. '수동-공격성'은 수동적인 자세, 겉으로 드러나지 않는 상태에서 상대를 화나게 하는 것을 말한다. 미성숙한 방어기제다. 겉으로는 친절하고 개방적으로 보일 수 있는데 이면에는 분노의 감정을 숨기고 있다. 공격하는 사람은 직접적으로 자신의 '화'를 드러내지 않는다. 스스로 생각이나 감정을 솔직하게 표현하지 못해 대인관계에서 수동-공격성으로 나타난다.

1945년 2차 세계대전 당시 정신의학계의 최고 권위자인 정신분석가 윌리엄 메닝거*William Menninger* 대령은 군대에서 군인들의 신경정신병을 담당하는 업무를 하고 있었다. 그는 군인들을 관찰한 보고서를 통해 상사의 업무를 일부로 시간을 끄는 것을 보았다. 무능한 척하면서 제대로 하지 않고 수동적인 방법을 통해 분노를 표출하고 있다고 분석했다.

사람들은 짜증이나 화가 날 때 어떻게 행동할까?. 자신의 행동을 자각하고 변화시키려 하기도 한다. 하지만 감정을 숨기거나 겉으로 표현할 수도 있다. 수동-공격성을 가지 사람들은 겉으로 감정을 표현하지 않는다. 속으로 삭이고 마치 아무 일도 없었던 것처럼 행동한다. 내면에는 분노로 가득 차 있는데도 말이다. 아침에 남편과 다투고 화가 나서 남편의 칫솔로 변기를 닦는다. 남편이 저녁에 와서 그 칫솔을 그대로 사용하게 둔다. 그런 상황을 보면서 한편으로 통쾌해한다. 대담하게 자기주장을 하고 맞서서 싸울 자신이 없기에 소심하게 복수한다. 그래 겉으로는 순종적으로 보인다. 이들은 건전한 방법으로 분노를 표출할 줄 모른다. 참는 것만이 방법이라 믿고 냉담하고 타인을 불신하며 고독한 생활을 자처한다.

모든 것을 내일로 미루며 자신과의 약속을 잘 지키지 않는다

수동-공격성 행동의 하나인 '미루기*Procratination*'는 직장생활에서 가장 많이 보여진다. 상사가 시킨 일을 지연시키거나 변명한다. 동료에게 의지하면서도 상대방의 결점을 찾는 등의 행동도 수동-공격성의 패턴이다. 앞에서 S 씨가 보인 행동이다. 마음에 들지 않는 상사를 무의식적으로 곤경에 빠뜨리는 일이다. 청소년기에 자주 나타나는 행동 중 하나도 권위적인 대상에게 반항하는 것이다. 질문을 해도 대답하지 않거나 다른 행동을 한다. 반항한다고 느낄 수도 있다. 소극적이고 비겁한 행동을 통해 자신의 의견을 말하는 것이다. 이들은 보통 외부로부터 오는 명령에 저항하는 기질이 있다. 누구나 꼭 따라야 하는 필수적이고 이성적인 의무에 대해 거부반응을 보인다.

미국의 여류 소설가 마거릿 미첼*Margaret Mitchell*의 소설 〈바람과 함께 사라지다〉에는 주인공 '스칼렛 오하라'가 등장한다. 퓰리처상을 수상할 정도로 꽤 유명한 소설이다. 아마 영화로 먼저 접했을 수도 있다. 주인공 스칼렛 오하라는 매우 이기적이고 예측 불가의 매력을 갖고 있다. 수동-공격성의 행동을 보이는 여성은 수동적이고 의존적이다. 전통적인 여성의 역할에 과도하게 자신을 동일시하려 한다. 스칼렛 오하라는 표면적으로는 사교적이고 자신만만하며 여성스럽고 나긋나긋하다.

하지만 그녀의 내면에는 분노와 적대감이 가득 차 있다. 지나칠 정도로 남성에 대해 애정을 갈망하고 요구하며 만족할 줄 모른다. 강박적이고 집착이 심하다. 수동-공격성의 양상은 무의식적으로 자신이 원하는 것을 갖기 위해 타인을 조정하기도 한다. 심할 경우 연극성 성격장애*Hirtrionic personality disorder*나 경계선 성격장애*Borderline personality disorder*가 나타나기도 한다. 스칼렛 오하라의 행동은 연극성 성격장애로 진단한다. 다소 과장된 행동으로 타인의 이목을 끌고 '나만 바라봐'가 되어야 한다. 당연히 대인관계가 피상적이다.

수동-공격적인 사람들은 감정적 의존성을 갖고 있다

이들은 스스로 힘이 없는 존재라 여기는 경우가 많다. 힘 있는 대상으로부터 자신을 보호하기 위해 나름의 방어 전략을 사용한다. 비협조하면서 저항하는 것이다. 어려운 일을 조금이라도 요구하게 되면 정당한 이유 없이 화를 내기도 한다. 특히 권위적인 대상으로부터 인정받기를 원하며 감정적 의존성을 가지고 있다. 타인에게 반항적이고 적대적인 태도 뒤에는 의존하고 싶어 하는 마음이 있다. 정서적 주장이 어렵고 어떻게 적절하게 행동해야 하는지 방법을 모른다. 감정을 잘 드러내지 않기 때문에 진심을 알기가 어렵다. 때로는 극단적으로 감정을 드러내기도 한다.

엄마가 아이의 욕구를 부당하게 거절했을 때, 아이는 엄마를 이길 힘이 없다. 엄마의 말을 잘 듣지 않고 마음 아프게 하는 행동을 통해 엄마를 힘들게 한다. 자학하거나 엄마의 사랑을 거부하는 행동은 성인이 될 때까지도 영향을 미친다. 부루퉁하게 구는 것, 에둘러 불평하기, 꾸물거리기, 방어적으로 굴기, 의사소통 피하기는 수동-공격성의 신호다.

수동-공격성의 행동은 부부관계에서도 나타난다. 거절에 대한 두려움을 가진 여성은 남편의 사랑을 받기 위해 말로 표현하는 것을 피한다. 대신 행동으로 자해하거나 아픈 척해서 남편이 자신에게 돌아오기를 바란다. 작은 손해에도 크게 부풀리며 남편을 피해자로 만드는 '피해자 코스프레'를 한다. 기본적으로 남편에 대한 불만을 말로 표현하거나 요구하지 못한다. 상대방이 거절하고 화내는 것이 두렵기 때문이다. 그렇다고 남편이 돌아온다고 받아들이는 것도 아니다. 다시 내치면서 사랑을 확인하려 하고 상처를 주는 행동이 반복된다. 경계선 성격장애의 특징이기도 하다.

〈소심한 공격자〉들의 저자 안드레아 브랜트*Andrea Brandt*는 이렇게 말했다. "내 안에 숨겨진 분노를 인식하고 감정을 생각에 연결하여 신체 반응에 귀를 기울여야 한다." 수동—공격성 행동을 인식했다면 내면에 분노를 바라보고 부정하지 말아야 한다. 타인의 감정을 평가하기보다는 사실 그대로 표현하는 것이 필요하다. 자기주장을 통해 의사를 표현하며 갈등의 프레임을 다시 설정해야 한다. 만약 그런 사람이 주변에 있다면 불필요한 간섭이나 강요, 충고하지 않는 것이 좋다. 소심하게 복수당할 수 있다.

수동—공격성의 낮은 강도에는 '순기능'도 있다. 직장 상사의 업무지시가 마음에 들지 않을 때 자기의 생각을 말할 수 있다. 아니면 일단 받아들인 후 적당히 게으름을 피우기도 한다. 혹은 일을 대충 처리해 버릴 수도 있다. 순기능이 하기 싫은 일할 때 본인이 소진되는 것을 막아주기도 한다. 군인들의 수동—공격성의 특징처럼 무능력한 척을 하는 것이다. 그러면 일을 시키지 않으니까 말이다.

모든 열심히 했더니 계속 자신에게만 일을 시켜서 힘들다고 토로하는 분이 계셨다. 어쩌면 무능력한 척이 필요할지도 모른다. 자신이 수동—공격성 방식을 알고 선택했다면 그만큼 심리적인 이득이 있다. 문제를 드러내 직장상사와 대립하는 것이 어리석을 수 있다. 소심한 복수를 통해 통쾌함을 느끼는 것으로 만족한다. 이런 행동을 순기능이라고 할 수 있다. 표면적으로 직장 내에서 좋은 평판을 유지하기 위한 전략일 수도 있다는 말이다.

S 씨는 자기주장이나 솔직한 감정표현이 어렵다. 팀장과의 관계에서도 화가 나거나 상처받았지만 표현하지 못했다. 그녀는 자신의 감정을 인식하고 자기주장을 할 수 있는 훈련이 필요하다. 그녀가 팀장의 업무 지시를 일부로 무시했을까?. 다시 한번 말하지만, 방어기제는 무의식적이다. 자신이 그런 행동을 하고 있다는 사실조차 인식하지 못해 발생 된 일이다. 상처받은 마음은 곧 내면에 분노로 바뀐다. 스칼렛 오하라처럼 겉으로는 상냥하고 친절한 S 씨의 내면에는 억압된 감정이 있었다. 감정표현이 어려운 사람들은 감정억압이 자주 일어난다. 나는 지금 표현되지 못한 감정은 없는지 정신건강을 위해 살펴보는 것이 필요하다.

- 수동-공격성(Passive-aggression)

수동-공격성 방어기제를 자주 사용할 경우, 타인에게 감정을 간접적으로 표현함으로써 감정을 처리하려고 한다. 타인에게 꾸물거리는 행동이나 묵묵부답의 모습으로 표현될 수 있다.

체크 박스

1. 누가 나에게 일을 시키면 나는 바쁜 척 할 때가 있다.

그렇지 않다. □ 가끔 그렇다. □ 자주그렇다. □

2. 화가 날 때는 뚱하니 말을 않는 편이다.

그렇지 않다. □ 가끔 그렇다. □ 자주그렇다. □

3. 화가 나면 상대방을 은근히 골탕먹이는 경우가 있다.

그렇지 않다. □ 가끔 그렇다. □ 자주그렇다. □

4. 상대방이 싫으면 그가 하는 일을 은근히 훼방 놓는다.

그렇지 않다. □ 가끔 그렇다. □ 자주그렇다. □

5. 화가 나면 이불을 뒤집어쓰고 밥을 먹지 않는다.

그렇지 않다. □ 가끔 그렇다. □ 자주그렇다. □

● 그렇지 않다. 1점 / 가끔 그렇다. 2점 / 자주 그렇다. 3점

15점 만점에 7.5점 이상이면 수동-공격성 방어기제를 사용하고 있는 것으로 본다.

<출처: (이화방어기제 검사, 김재근, 이근후, 김정규, 박영숙, 1991) 10문항 중 5문항 선별사용한 논문: 청소년의 스트레스와 방어기제와의 연구에서 발췌 >

사촌이 땅을 사면 배가 아프다
: 신체화(Somatization)

30대 중반인 L 씨는 이제 1년 차 신혼부부다. 그녀는 요즘 직장 일로 힘들다. 디자인 회사에 다니고 있는데 걱정이 많다. 신입사원들이 들어오면서 자신의 위치가 위태롭다고 느꼈다. 젊은 사람들의 감각이 자신보다 더 좋을 것이라고 불안했다. 스트레스가 심해지자 두통과 현기증을 호소했다. 두통약을 먹는 시간이 많아지고 병원에서 검사를 해봤지만 아무 이상이 없었다. 두통이 심할 때는 남편에게 짜증을 많이 내기도 했다. 그런 아내를 남편은 살뜰히 챙겼다. L 씨는 남편에게 미안한 마음과 고마운 마음이 있었다.

직장을 한 달 정도 쉬자 증상은 호전되었다. 하지만 다시 회사로 돌아가야 할 때쯤 두통이 시작되고 불안해졌다. L 씨의 행동은 결코 꾀병이 아니다. 우리나라 속담에 '사촌이 땅을 사면 배가 아프다'라는 말이 있다. 사촌을 땅을 샀는데 왜 배가 아플까?. 실제로는 연관성이 없다. 질투 나는 감정이 신체화로 나타난 것이다. 감정을 잘 표현하지 못해 신체의 질병으로 나타나는 것이 '신체화*somatization*' 방어기제다. 가장 원시적 방어기제라고 볼 수 있다.

신체화는 때때로 적응적인 역할을 초래하기도 한다

신체화가 때로는 적응적인 역할을 하기도 한다. 타인의 위로가 필요할 때 눈에 드러나지 않는 두통, 복통 등을 호소함으로써 원하는 바를 이루게 된다. 예를들어, 두통으로 인해 학교를 빠지자 친구들의 걱정과 위로 등의 문자 등을 받는 것이다. 앞서 말한 L 씨는 남편의 관심과 돌봄을 받았다. 사실 1년 차가 되니 남편이 자신에게 조금은 소원한 것 같다는 생각도 있었다. 그러던 찰나 아프다고 하니 신경을 써주는 것이 L 씨에게 습관이 된 것도 있었다. 앞에서 말한 것처럼 신체화 증상은 꾀병이 아니다. 신체화 방어기제를 사용하는 사람은 진짜로 고통을 느낀다. 만성화가 된 경우 주변에서는 꾀병으로 보게 되는 경우도 생긴다. 병원에서는 아무 이상 없다는데 자꾸 아프다고 하니깐 말이다.

플로렌스 나이팅게일*Florence Nightingale*은 근대 간호의 선구자다. '백의의 천사'라고 불릴 만큼 업적을 지닌 그녀는 외모로 인한 콤플렉스가 있었다. 정말 그녀가 추녀였을까?. 아니다 젊을 때 사진을 보면 상당한 미모를 갖고 있었다. 영국에서 태어난 그녀의 집안은 매우 부유했다. 어릴 때부터 의학적으로 특별한 원인을 알 수 없는 고통을 호소하며 신경쇠약 증상을 보였다고 한다. 어머니와 친밀감을 나누지 못했고 타인과의 관계도 좋지 못했었다. 외모 콤플렉스로 인해 낯선 사람들을 회피했고 고독했다. 아비규환인 전쟁터였다고 한다. 그녀는 고통 속에서 신음하는 병사들을 위로해주는 일에 보람을 느꼈다. 자신의 고통과 콤플렉스 또한 이타주의로 승화시켰다. 그녀가 간호사가 될 수 있었던 기저에 신체화 증상이 기인하지 않았을까 한다.

마음이 불안하고 괴로울 때 신체화 방어기제가 자주 나타난다

마음의 고통이 한계에 도달하게 되면 신체적으로 나타난다. 사실 신체화는 내면에서 '힘들어요, 도와주세요!'라는 SOS 요청일 수 있다. L 씨는 회사 다니는 것이 힘들었다. 중간 직급에 있던 그녀는 최근 사장으로부터 부정적인 피드백을 받았다. 가뜩이나 결혼 준비와 시댁 문제로 힘들었던 시기를 잘 버텼는데 말 한마디에 무너져 버렸다. 우울하고 불안한 감정이 그녀를 괴롭히기 시작하자 신체화로 나타나게 된 것이다. 이들은 언어로 표현하는 능력이 익숙지 않다. 자동적인 신체 반응을 통해 자신의 정서적 불편감을 표현하는 것이다. 어릴 때 부모와의 관계에서의 불안전한 애착과 아동기의 외상이 있었다면 신체화에 영향을 미친다.

'마음이 아프면 몸이 아프다.'라는 말을 자주 들어보았을 것이다. 마음이 아픈데 왜 몸이 아플까?. 우리의 뇌와 신체는 연결되어 있다. 스트레스를 받을 때 받는 뇌의 영역과 신체적 고통을 느끼는 영역이 가까이에 있다. 그래서 스트레스를 받으면 신체적 고통이 함께 활성화된다. 그렇기에 마음이 아프다면 적절하게 처리가 필요하다. 그렇지 못하면 몸도 같이 아파지기 때문이다. 어릴 때 부모님께 혼날까 두려워 불안한 마음에 열이 나고 혹은 배가 아팠던 적이 한 번쯤은 있었을 것이다. 시험을 앞두고 긴장하면 화장실을 자주 간다거나 잦은 복통으로 인해 힘들어했을 수도 있다. 배가 아파 병원에 가면 아무 이상이 없다거나 심리적인 부분일 수 있으니 정신건강의학과를 권유하기도 한다.

의학에는 '심신증*Psychosomatic disease*'이라는 말이 있다. 마음의 병이 신체로 옮겨가는 것이다. 심리적인 스트레스나 긴장 상태가 원인이 돼서 신체에 질환이 발생한다. 걱정으로 인해 복통, 두통, 설사 등의 반응이다. 검사를 해도 몸에는 아무런 문제가 없다. 질병이 아니라고 무시하거나 간과해서는 안 된다는 것이다. 병명이 있을 정도로 마음과 몸은 연결되어 있다.

신체화 방어기제를 과도하게 사용하는 경우 자신이 신체적 고통을 과장시키고 증상에 심하게 집착한다. 자기 내면에 억압된 분노나 슬픔, 좌절감, 우울 등의 심리적 고통을 마주하는 것이 어렵기 때문이다. 스트레스 증상이 심해지면 '신체화 증후군*somatization disorder*'이 나타나기도 한다. 신체화 증상이 특별한 내과적 소견이 없는 상태에서 신체적 이상을 반복적으로 느끼는 것을 말한다. 혹은 '전환장애*conversion disorder*'도 나타날 수 있다. 마음의 문제가 신체로 전이된 경우다. 반면, 신체화 방어기제를 낮게 사용하는 경우 자신의 신체적 건강에 둔감해진다.

한국에만 있는 병명이 있다. 바로 '화병火病'인데 가슴이 답답하고 뭔가 치밀어 오르는 증세를 보인다. 소화가 안 되고 불편감을 호소하기도 한다. 화병은 스트레스에 대한 반응이 과도하게 나타나는 상태를 말한다. 화병도 신체화 증상이다. 그래서 신체화는 한국의 정서와 가장 밀접하다. 참고 견디는 사람의 몫이 신체화로 나타나는 것이다. '화병'은 비단 현대인에게만 나타났던 것은 아니다. 중종 32년에 문과에 급제하고 관직을 받은 이천계李天啓라는 인물이 있다. 관직을 삭탈 당하고 유배되었다. 그는 좌절과 분노를 넘어서지 못해 그곳에서 '화병'으로 죽었다고 한다.

심리적 스트레스와 억압된 감정이 내적 갈등으로 인해 신체 증상으로 표출된다

정신분석학자 지그문트 프로이트*Sigmund Freud*는 자신의 사례 경험을 통해 신체화 방어기제를 알아냈다. 엘리자베스라는 젊은 여성은 형부에게 사랑의 감정을 느꼈다. 처음에 그녀는 가족이기에 느끼는 감정이라고 생각했다. 언니가 사망하고 그녀는 장례식장에서 '이제는 형부가 혼자의 몸이니 자신과 결혼 할 수 있을 것'이라고 생각했다. 순간적으로 떠오른 생각은 그녀를 괴롭게 했다. 도덕적으로 용납할 수 없는 일이었다. 그런 감정을 억압하고 무의식 속에 넣어 버렸다. 그 이후 다리에 통증이 발생했다. 프로이트는 엘리자베스의 사례를 통해 무의식에 숨어있는 내적 동기를 찾아낸다. 감정은 적절하게 표현되어야 하는 내적 동기다. 감정이 지나치게 억압되어 신체를 통한 경로 즉, 신체 증상으로 전환되었다고 생각했다. 그녀와 상담을 통해 무의식 속에 있는 억압된 감정을 수면 위로 의식화시키자 통증이 사라졌다.

신체화 증상은 어린아이들에게는 자주 나타날 수 있다. 자신의 감정을 언어로 표현하는 법을 배우지 못한 경우 그렇다. 특히 하기 싫은 행동에서 예를 들어, 학교 과제나 시험 같은 상황에서 몸이 아프다고 할 수 있다. 부모가 그것을 꾀병으로 간주하고 아이를 몰아세워서는 안 된다. 앞서 말한 것처럼 꾀병과는 다르기 때문이다. 사실 자신의 마음속에 있는 억압된 감정을 보는 게 쉽지는 않다. 너무 익숙하게 살아왔다면 더욱더 말이다. 자신의 감정을 마주하는 것은 두렵고 무서운 일일 수도 있다.

L 씨는 자신이 무능력하고 회사에서 인정받지 못한다는 생각에 사로잡혀 있었다. 그동안 늘 밝은 모습만 보이고 살았는데 사실은 감정을 숨기고 살았던 거다. 스스로 생각과 감정을 들여다보는 것이 중요했다. 남편은 그녀의 지지체계가 되어 주었다. 자신의 감정을 언어화할 수 있도록 돕고 인식하는 훈련이 필요하다. 마음의 병을 그대로 두었다가 몸도 병들 수 있다는 것을 잊으면 안 된다.

- 신체화(Somatization)

신체화 방어기제를 자주 사용할 경우, 심리적 갈등이 신체적으로 자주 나타난다. 상대방에게는 직접적으로 갈등을 보이지는 않지만, 신체 반응을 통해 자신의 의도를 관철시키려는 행동이 나타난다.

체크 박스

1. 기분이 우울해지면 가슴이 답답해진다.

그렇지 않다. □ 가끔 그렇다. □ 자주그렇다. □

2. 괴로운 일이 생길 때마다 몸이 아팠던 것 같다.

그렇지 않다. □ 가끔 그렇다. □ 자주그렇다. □

3. 별다른 이유 없이 두통이 생겼다가 없어지곤 한다.

그렇지 않다. □ 가끔 그렇다. □ 자주그렇다. □

4. 기분이 좋으면 평소 여기저기 아프던 것이 있는지 모르는 경우가 있다.

그렇지 않다. □ 가끔 그렇다. □ 자주그렇다. □

5. 스트레스를 받으면 머리가 어질어질하고 곧 쓰러질 것 같다.

그렇지 않다. □ 가끔 그렇다. □ 자주그렇다. □

● 그렇지 않다. 1점 / 가끔 그렇다. 2점 / 자주 그렇다. 3점

15점 만점에 7.5점 이상이면 신체화 방어기제를 사용하고 있는 것으로 본다.

<출처: (이화방어기제 검사, 김재근, 이근후, 김정규, 박영숙, 1991) 10문항 중 5문항 선별사용한 논문: 청소년의 스트레스와 방어기제와의 연구에서 발췌 >

물불 가리지 않는다
: 행동화(Acting out)

30대 중반인 K 씨는 순간 화나는 감정을 참는 것이 어렵다. 특히 운전할 때 육두문자가 많이 나온다. 그래도 분이 안 풀리면 집에 가는 내내 혼잣말로 욕을 한다. 직장 내에서도 마찬가지다. 팀장인 그는 화가 나면 자신도 모르게 직원들에게 소리를 지르고 화를 냈다. 시간이 지나고는 미안해했지만 그때뿐이었다. K 씨가 사용하는 방어기제는 '행동화 *Acting out*'이다. 행동화는 자신의 무의식적 욕구가 즉각적이고 충동적으로 표현된다. 어떻게 보면 잘 참지 못하는 것이다.

우리나라 속담에 '물불 가리지 않는다.'라는 말이 있다. 행동화는 앞, 뒤 가리지 않고 무조건 나아간다. 미성숙한 유아기적 방어기제 속한다. 아기들이 언어를 배우기 전에 욕구를 울음이나 행동으로 표현하는데 정상적인 거다. 하지만 성인이 스트레스를 받으면 즉시 행동으로 분출하며 폭력성을 보이는 것은 유아기적 상태에 머무른다고 볼 수 있다. K 씨는 순간에 화를 참지 못했고 시간이 지나면 후회했다. 하지만 자신의 행동에 심각성을 인지하지는 못했다. K 씨 아내는 자주 짜증 내거나 화를 못 참는 남편이 못마땅하고 힘들었다.

내적으로 금지된 감정, 소망과 연관된 불안을 다스리려는 무의식적 욕구

다양한 방식에서 불안을 다스리려는 무의식적 욕구가 나타난다. 물질에 중독된 사람들은 자신이 선호하는 알코올, 마약, 담배, 본드 등에 반복적으로 행동화하며 몰입한다. 강박행동도 마찬가지다. 자신의 불안을 해소하기 위해 특정한 강박행동을 수행한다. 행동화는 불안을 다스리기 위해 무의식적 욕구가 나타나는 외적인 행동이다. 내가 무엇인가를 통제하지 못하면 통제당할까 두려움이 불안이다. 불안한 생각은 꼬리에 꼬리를 문다. 의식에서 아무리 불안을 밀어낸다고 하더라도 우리의 무의식에서는 인지하고 있다.

행동화는 어떤 행동이나 태도를 억제하고 통제해야 한다고 생각할 때 수반되는 불안을 다스리려는 무의식적 동기다. K 씨처럼 나도 모르게 행동이 나와버리는 것이다. 무의식적으로 억압된 부분이 의식화되지 못하고 행동화 방어기제를 통해 밖으로 드러난다. 잠시나마 내면에 불안과 긴장이 해소되는 착각에 빠진다. 프로이트는 "우리가 기억하지 못하는 것은 행동화가 된다."고 말했다. 고통스러운 기억을 무의식으로 밀어내 기억하지 못한다. 행동화를 통해 의식이 그것을 기억해 내 없어지기를 바란다. '~~ 해야 한다.'라는 당위적 사고 또한 감정을 억압시킨다. 참다 보면 과부하를 만들고 행동화의 결과로 이어진다.

노벨문학상을 수상한 영국 총리 윈스턴 처칠Winston Churchill은 2차 세계대전을 승리로 이끈 인물로 유명하다. 그는 사실 학교에서는 문제 아이였다. 품행이 바르지 못하고 공부에 대한 의욕은 없었는데 성적은 항상 상위권이었다. 상습적인 지각으로 그의 학창 시절은 방황의 연속이었다. 처칠은 병든 아버지와 관계가 좋지 않았고 자주 공격적인 성향을 보였었다. 어릴 때는 행동화 방어기제로 불성실한 학교생활을 보냈던 것 같다. 성인이 된 그는 달랐다. 방어기제는 주변 환경이나 영향력 있는 대상에 의해 변화되기도 한다. 처칠은 성취감을 얻고 승화 방어기제를 통해 미성숙한 방어기제에서 벗어나 성숙한 길을 걸었다. 그 성과가 2차 세계대전을 승리로 이끌게 만들지 않았을까. 지금 그를 위대한 지도자로 기억하고 있으니 말이다.

자해, 자살 시도와 같은 행위도 행동화 방어기제다

우리나라 자살률은 통계청 발간한 '한국의 안전 보고서 2023'에 따르면 인구 10만 명 중 24.1명으로 OECD 국가 중 가장 높다고 한다. 특히 '경계선 인격장애*borderline personality disorder*'의 경우 반복적인 자해 시도를 한다. 경계선 인격장애는 정서적으로 불안정하고 충동적이다. 자기 자신뿐 아니라 타인에 대한 평가도 일관되지 않고 양극단을 오간다. 롤러코스터를 타고 있다고 생각하면 된다. 반복적인 자해 행동도 행동화 방어기제다. 자살사고에 빠지면 다각도로 생각하는 것이 어렵다. 극도의 스트레스는 뇌를 협소하게 만든다. 합리적인 생각을 할 수 있는 틈이 없다. 지금의 부정적 감정 상황에서 빨리 벗어나야 한다고 생각한다. 정말 죽고 싶어서가 아니라 다른 방법이 없다는 생각에 가로막혀 죽는 경우도 많다. 연예인들의 잇따른 자살도 그렇게 볼 수 있다.

한참 인기를 끌었던 JTBC 드라마 〈스카이 캐슬〉을 기억할 것이다. 안 보는 사람이 없을 정도로 시청률이 높았다. 너무 현실적이기 때문에 몰입하지 않았을까. 드라마에 등장하는 이명주(김정난 배우)는 성공한 엄마다. 집안 대대로 서울대 의대를 나올 수 있도록 박영재(송건희 배우)를 서울대 의대에 합격시킨다. 하지만 아들은 공부를 원하지 않았다. 부모의 강압적인 태도에 어쩔 수 없이 따라갔고 아들은 포기하고 싶었다. 그런 아들을 이해할 수 없던 부모는 폭력과 폭언을 하면서라도 아들에게 공부를 강요한다. 결국 아들은 부모와 절연한다. 충격받은 이명주는 자살로 생을 마감한다. 그녀는 오롯이 아들에게 희생한 삶이었다. 그런 아들이 자신을 떠나자 그녀는 감당할수 없었던 것이다. 안타깝게 그녀는 내면의 갈등을 풀기보다는 행동화 방어기제를 사용해 자살이라는 극단적 행동으로 표출해 버렸다.

행동화는 때로는 파괴적인 모습을 보인다

과도한 행동화 방어기제는 내부의 갈등을 마음속에 담아 두는 것에 한계를 느낄 때 폭발한다. 적절하게 해소되지 못할 경우 파괴적인 모습을 보인다. 가장 흔한 예로 '이상 동기 범죄' 같은 경우다. 아마 '묻지마 범죄'라는 단어가 익숙할 것이다. 이들은 자신의 긴장이나 압박을 해소하기 위해 불특정 다수에게 폭력을 행사한다. 2023년 7월 21일, 신림동에서 흉기 난동 사건이 일어났다. 흉기 난동범은 33살의 조 씨, 자신이 불행하게 사는데 남들도 불행하게 만들고 싶어 범행을 저질렀다고 했다. 사회적 불만과 누적된 스트레스가 타인에게 공격형 범죄로 표출되었다.

즉흥적이고 충동적인 사람들은 사후에 부정적인 결과를 전혀 고려하지 않는다. K 씨도 분노 조절이 어려운 사람이었다. 고슴도치처럼 누군가 자신에게 부정적인 피드백을 줄 때면 날을 곤두세웠다. 성인이 되었지만 적절하게 대처할 줄 몰랐다. 어릴 때부터 부모의 인정을 받지 못했고 쉽게 화를 냈었다고 했다. 그는 불안정한 환경에서 자랐다. K 씨에게는 상담이 필요했다. 아쉽게도 상담을 신청한 것은 아내였고 남편은 상담받을 마음이 없다.

일상생활에서 소소하게 나타나는 행동화 방어기제가 있다. 즉흥적인 행동으로 해소하려는 모습이다. 예를 들어, 학교를 빠지고 친구들과 PC방을 가거나, 기분이 좋지 않다고 퇴근 후 술을 진탕 마시는 등의 행동이다. 학교에 가지 않으면 선생님께 혼나거나 학교에서 처벌에서 받을 수 있다. 술을 많이 마시면 건강에도 좋지 않다. 다음 날에도 영향을 줄 수 있는데 부정적인 결과를 전혀 고려하지 않는다. 아동이 가게에서 장난감을 사달라고 떼쓰는 행동, 운전 중에 폭력을 사용하는 행동, 자신의 이익을 위해 타인을 해치는 행동 등 모두 행동화로 볼 수 있다. 비행청소년이나 문제아에게 가장 잘 나타나는 방어기제이기도 하다. 심심해서 남의 집 앞마당에 불을 질렀다고 말한 10대 청소년의 기사를 본 적이 있다. 앞뒤 가리지 않고 자신의 기분대로 행동하려 한다.

행동화 방어기제가 낮은 경우는 수동적이고 무기력해 보이기도 한다. 적절한 방어기제 사용은 필요하다. 자신의 방어기제를 인지하고 균형 있게 사용한다면 긍정적인 면으로 승화시킬 수도 있다. 미성숙한 방어기제인 행동화 방식으로 파괴적인 모습을 보인다면 반드시 내면의 욕구를 인지해야 한다. K 씨처럼 아내와 타인을 힘들게 하거나 피해를 줄 수 있기 때문이다.

- 행동화(Acting out)

행동화 방어기제를 자주 사용할 경우, 충동을 억제하거나 참기보다는 즉각적으로 행동하려고 한다. 개인의 통제권에서 벗어나서 갑작스럽게 발생 되며 심한 경우 반사회적 인격장애로 발전 될 수 있다. 비행 청소년들에게 많이 나타나는 방어기제다.

체크 박스

1. 홧김에 무슨 일을 저지르는 경향이 있다.

   그렇지 않다. ☐ 가끔 그렇다. ☐ 자주그렇다. ☐

2. 일이 잘 안되면 다른 사람에게 신경질을 부리는 경우가 있다.

   그렇지 않다. ☐ 가끔 그렇다. ☐ 자주그렇다. ☐

3. 간혹 화가 나서 물건을 깨뜨리거나 부수는 경우가 있다.

   그렇지 않다. ☐ 가끔 그렇다. ☐ 자주그렇다. ☐

4. 집에 있기 싫어서 가출을 한적이 있다.

   그렇지 않다. ☐ 가끔 그렇다. ☐ 자주그렇다. ☐

5. 갑자기 화가 나서 주변 사람들을 때린 적이 있다.

   그렇지 않다. ☐ 가끔 그렇다. ☐ 자주그렇다. ☐

● 그렇지 않다. 1점 / 가끔 그렇다. 2점 / 자주 그렇다. 3점

15점 만점에 7.5점 이상이면 행동화 방어기제를 사용하고 있는 것으로 본다.

<출처: (이화방어기제 검사, 김재근, 이근후, 김정규, 박영숙, 1991) 10문항 중 5문항 선별사용한 논문: 청소년의 스트레스와 방어기제와의 연구에서 발췌 >

아이 보채 듯한다
:퇴행(Regression)

30대 초반인 J 씨는 직장생활이 쉽지 않다. 그녀는 대학을 졸업하고 백수로 지내다가 3년 전부터 첫 취업 후 회사를 여러 번 옮겨 다녔다. 어릴 적부터 의존적이었던 터라 스스로 문제 해결하는 것을 어려워했다. 한번은 새로 들어간 직장에서 한 달 동안 업무 인수인계를 다 받았다. 이제 혼자서 해야 할 날이 오자 그녀는 덜컥 겁이 났다. 그리고는 스마트폰을 끄고 사라졌다. 나중에 스마트폰을 열자 회사에서 온 문자가 30건이 넘었다.

이처럼 무책임한 행동이 한두 번이 아니었다. 지금 직장도 한 달을 겨우 넘겼지만 그만둘 생각이다. 일이 어렵고 힘들다는 것이다. 그녀는 어려운 문제에 봉착했을 때는 회피하려는 행동이 반복적으로 나타났다. 우리나라 속담 중 '아이 보채듯 한다.'라는 말처럼 철이 없다. 늘 무책임했고 유아적인 행동으로 주변 사람들을 당황케 했다. J 씨의 행동은 '퇴행 *Regression*' 방어기제로 설명된다. 퇴행은 미성숙한 방어기제다. 좌절을 심하게 경험했을 때 현재보다 유치한 과거 수준으로 후퇴하려 한다.

퇴행은 꾀병과는 다르다

퇴행 방어기제는 어떤 상황에서 위기를 회피하거나 모면할 때 나타난다. 어린 시절 동생이 태어나면 아기같이 혀짧은 소리로 말하거나 대, 소변을 못 가리게 되는 것도 퇴행 행동이다. 성인에게 나타나는 퇴행은 다양하다. 어린아이처럼 말하기, 입 내밀기, 뾰로통해지기, 물건 망가뜨리기 등 어린아이 같은 행동이 나타난다. 꾀병은 상황을 벗어나기 위해 병을 가장하는 행위다. 의식적으로 행동하는 부분이다. 퇴행은 무의식적인 행동이기 때문에 내가 그 행동을 하는지 잘 인지하지 못한다.

사람은 성장 과정에서 삶의 여러 가지 기능을 발달시킨다. 새로운 기능을 익히는 일은 시간이 걸린다. 숙달되기까지 긴장감이 필요하다. 반면 오래전에 익힌 기능은 쉽게 느낀다. 힘든 상황이 되면 익숙한 단계로 퇴행하고 싶어진다. 자신이 습관적으로 쓰는 방식이다. J 씨가 직면해야 하는 상황에서 숨거나 도망가는 것처럼 말이다. 쉽게 말하면 눈앞에 보인 갈등이나 문제에서 벗어나기 위해 과거로 돌아가려고 행동을 한다. 어린아이처럼 행동함으로써 불안을 감소시키려는 것이다. 어린아이 시기가 어른보다는 편하고 죄책감이 없던 시절이기 때문이다.

정상적인 퇴행과 악성 퇴행으로 나타난다

퇴행이 정상적으로 작동할 때도 있다. 정상적인 경우는 일시적이고 한정적이다. 나이 많은 어르신들이 과거를 회상화면서 어린 시절 불렀던 노래 산토끼를 다시 부르는 것은 정상적이다. 이 행동은 일시적으로 추억을 떠올리고 그때로 돌아간 듯한 기분을 느끼게 된다. 또한 중년 여성들이 어릴 때 교복을 입고 그 시절에 노래를 듣는 것도 마찬가지다. 이런 '옛날 추억 여행'과 관련된 콘텐츠가 인기가 있는 것도 그 시대의 감성을 다시 한번 느껴볼 수 있기 때문이다. 이런 모든 행동이 퇴행의 순기능이라고 할 수 있다. 일시적인 퇴행은 숨통을 틔우게 한다. 늘 육아나 직장생활에 지친 여성이 잠시나마 과거로 돌아가 옛 친구들을 만나고 동심으로 돌아간다. 숨을 고르는 시간이다. 순기능의 퇴행은 에너지를 재충전하게 만든다.

공상이나 꿈을 꾸는 것도 일시적인 퇴행으로 볼 수 있다. 스트레스가 높거나 삶이 힘들 때 사람들은 가끔 행복한 상상이나 공상을 하기도 한다. 공상을 통해 잠시나마 편안함을 느끼고자 하는 행동이다. 2020년 이후에 레트로*retro*(복고) 감성이 많이 나타나는데 퇴행 방어기제의 한 부분으로 볼 수 있다. 우리 사회는 너무나 급변하고 있다. 피로감을 느낄 때, 안전하고 편안함을 익숙했던 과거의 음악, 패션 문화 등에서 찾으려 한다. '키덜트*Kidult*'라는 용어가 있다. '키드*kid*(아이)'와 '어덜트*adult*(어른)'의 합성어다. 이들은 재미있게 스스로가 즐기며 여전히 어릴적 감성을 간직하고 있다.

반면, 악성 퇴행은 지속적으로 진행되며 병적이다. 억제가 어렵기에 현재의 기능 수준을 수행하지 못할 정도로 어린아이처럼 퇴행한다. 심각한 퇴행을 겪는 환자의 경우 '엄마의 뱃속으로 다시 들어가고 싶다.'라고 말하며 괴로워하기도 한다. 정신병이나 분열증에서도 갑자기 대, 소변을 가리지 못하는 등 성인이지만 병적으로 인해 유아기적 행동이 나타나기도 한다. 스트레스에 대한 회피 반응으로 자아 강도가 취약할수록 심리적 퇴행 방어기제가 나타난다.

미국의 심리학자 댄 카일리*Dan Kiley*는 '피터팬 증후군*Peter Pan syndrome*'에 대해 이야기했다. 피터팬 증후군은 신체는 성인이 되어도 그에 따른 책임과 역할을 따르지 않는다. 항상 어린아이 같은 심리상태에 머무르려는 것이다. 회피 방어기제도 함께 나타난다. 심리적 퇴행은 불안하거나 스트레스 노출된 상황을 견디기 어려워한다. 성인이지만 손톱을 물어뜯거나 울기도 하고 소리도 지르며 떼쓰는 등 마치 어린아이처럼 유치한 행동을 반복한다.

퇴행의 긍정적인 기능을 잘 활용하는 것은 도움이 될 수 있다

2018년에 개봉한 영화 〈곰돌이 푸를 다시 만나 행복해〉가 있다. 주인공 크리스토퍼 로빈은 어린 시절 100에이커 숲에서 곰돌이 푸와 다른 동물 친구들과 즐겁게 시간을 보낸다. 하지만 곧 기숙학교로 가는 로빈을 위해 이별 파티를 준비해야 했다. 피글렛은 자신과 함께한 장소를 기억해달라고 로빈에게 도토리를 선물로 준다. 푸는 자신들을 잊을까 걱정하지만 로빈은 100살이 되도 잊지 않겠다고 말한다. 기숙학교에 들어간 로빈은 점차 동물 친구들을 잊고 지낸다.

성인이 된 그는 한 가족의 아버지로 가장으로 회사의 팀장으로 바쁜 일상을 보낸다. 일에 치여 사는 그는 아이들과 있는 시간마저 늘 부족했다. 삶에 지칠 때로 지친 로빈을 푸가 다시 찾아오고 둘은 재회한다. 이미 어른이 된 로빈은 푸에게 냉정하게만 대한다. 결국 푸를 통해 로빈은 일보다 소중한 것이 무엇인지 깨닫게 된다는 동화 같은 이야기다. 영화 속 성인이 된 로빈이 어린 시절 푸를 만나는 행동은 일종의 퇴행이다. 삶에 지친 그가 어렸을 때 좋았던 기억 속에서 푸를 다시 불러내지 않았을까.

배우 심형탁이 일본의 만화 캐릭터 도라에몽을 너무 좋아해서 굿즈를 수집하는 것뿐 아니라 애니메이션 주제가까지 부르는 것을 봤다. 이해하지 못하는 사람들은 어른이 돼서 나이 값을 못 한다고 할 수 있다. 도라에몽과 대화하고 있을 때 그는 행복감을 느낀다고 한다. 아마 키덜트들은 그 마음을 충분히 이해할 것이다. 내가 행복할 수 있다면 얼마든지 동심으로 돌아가는 것은 괜찮지 않을까. 타인에게 피해 주는 행동만 없다면 말이다.

오스트리아 정신분석가 '에른스트 크리스*Ermst kris*'는 자아가 건재한 상태에서 이뤄지는 퇴행은 창조적이라고 말한다. '자아를 위한 퇴행

regression in the service of ego'이라고 개념 지었다. 예술가들은 퇴행을 통해 창의적인 발상을 선물로 받는다고 말한다. 퇴행을 통해 나의 무의식 속 작은 어린아이를 잠시 만날 수 있는 행동이라는 것이다. 때 묻지 않았던 순수함이 존재했던 그때의 나를 만나 영감을 얻는다.

J 씨는 취업하는 것을 포기했다. 그녀는 어느 곳도 적응하기 힘들었다. 문제를 직면하기 어려웠고 늘 회피하는 방법으로 도망쳤다. 퇴행 방어기제에서 벗어나기 위해서는 자신에 대한 믿음이 중요하다. 그녀의 심리적 퇴행은 내면의 자신을 성장시키기 어려웠다. 사회의 구성원으로 살기 위해 변화가 반드시 필요했다.

- 퇴행(Regression)

퇴행 방어기제를 자주 사용할 경우, 갈등 상황에서 대처가 미성숙하며 무기력한 방식으로 갈등을 대처하려고 한다. 어려움을 직면하기보다는 회피하거나 도망치는 것으로 나타나고 퇴행이 지속되면 유아기적 행동에 머무르게 된다.

체크 박스

1. 스트레스를 받으면 음식을 지나치게 먹는 경향이 있다.

그렇지 않다. □ 가끔 그렇다. □ 자주그렇다. □

2. 일이 잘 안될 때는 공상에 빠지곤 한다.

그렇지 않다. □ 가끔 그렇다. □ 자주그렇다. □

3. 스트레스를 받으면 잠을 많이 자게 된다.

그렇지 않다. □ 가끔 그렇다. □ 자주그렇다. □

4. 나는 상대방이 내 부탁을 거절하면 마구 떼를 쓰는 경향이 있다.

그렇지 않다. □ 가끔 그렇다. □ 자주그렇다. □

5. 어려운 일에 부딪히면 다른 사람이 대신 해결해 주기를 바란다.

그렇지 않다. □ 가끔 그렇다. □ 자주그렇다. □

● 그렇지 않다. 1점 / 가끔 그렇다. 2점 / 자주 그렇다. 3점

15점 만점에 7.5점 이상이면 퇴행 방어기제를 사용하고 있는 것으로 본다.

<출처: (이화방어기제 검사, 김재근, 이근후, 김정규, 박영숙, 1991) 10문항 중 5문항 선별사용한 논문: 청소년의 스트레스와 방어기제와의 연구에서 발췌 >

건넛산의 돌 쳐다보듯
: 회피(Avoidance)

20대 후반인 N 씨는 직장생활이 쉽지 않다. 벌써 직장만 옮겨 다니던 것이 11번째다. 항상 3개월을 넘기지 못하는 그녀는 인내심이 부족하다. 조금이라도 힘들거나 주변 사람이 자신에게 퉁명스럽게 대하는 행동을 못 견디어 한다. 힘든 상황은 무조건 피하고 싶다. 가장 길게 다녔던 회사가 6개월이다. 그때는 마음이 맞는 동료가 있어서 그나마 버텼다. 그녀는 온갖 이유를 만들어 회사를 그만두었다. 최근에는 배달 아르바이트를 시작했는데 적성에 맞는 것 같다고 말한 지 불과 한 달 만에 그만두었다. 아무래도 자신이 적응을 잘못하는 것 같다고 자책했다.

N 씨가 사용하는 방어기제는 '회피Avoidance'다. 우리나라 속담 중 '건넛산의 돌 쳐다보듯'이라는 말이 있다. 무관심한 듯 마주하기 싫은 현실을 부인하거나 인지하지 못할 때 나타난다. 부정적인 감정이나 불안감

을 느낄 때 그 불편감에서 벗어나기 위해 작동된다. N 씨는 성추행 피해자였다. 부모의 이혼과 어머니의 낯선 남자와의 동거는 그녀에게 씻을 수 없는 상처를 주었다. 불우했던 어린 시절 그녀는 집을 뛰쳐나왔다. 조금이라도 힘든 상황이 되는 것이 두려웠다. 그녀가 가진 트라우마는 직장생활에 영향을 미쳤고 회피를 통해 두려움이 앞설 때 도망치는 것을 선택했다.

회피는 가끔 긍정적일 수 있으나 장기적으로는 도움이 되지 않는다

우리는 살면서 굉장히 힘든 상황을 겪기도 한다. 상황을 무조건 직면하기보다는 때로는 그 상황에서 잠시 회피함으로써 에너지를 비축하기도 한다. 회피하는 동안 문제를 어떻게 해결해야 할지 시간을 갖는 것이다. 다시 돌아왔을 때는 직면이 필요하다. 회피가 장기적으로 이어지게 되면 문제가 된다. 습관적으로 도망가기만 할 뿐 상황은 나아지지 않는 경우다. 사람들이 가장 많이 사용하는 회피 방법이 여행이기도 하다. 무조건 떠나고 나면 나아질 것이라고 착각한다. 그 상황에서만 벗어나면 된다는 것이다. N 씨는 가족으로부터 도망쳤다. 그녀에게는 최선이었다. 그 집에 계속 있었다면 생명이 위험했을 수도 있다. 불편한 현실에 대해 적절하게 방어기제를 사용한 셈이다.

회피 방어기제는 일시적으로 감정의 안정감을 준다. 장기전으로 볼 때는 도움이 안된다. 습관이 되면 말이다. 오히려 악순환을 불러일으키며 해결되지 못한 문제들이 점점 더 커지게 되는 경우가 많다. 이들은 거부와 갈등을 피하고 싶다. 자신의 의견을 표현하지 않음으로써 스스로 생각과 감정을 억압하고 통제한다. 갈등을 싫어하는 평화주의자처럼 보이나 실상은 그냥 착한 사람으로 인정받고 싶은 것뿐이다. 타인의 의지에 맞춰 양보하며 순응적이기에 타인의 통제권에 들어갈 가능성이 높다. 타인의 심리적 지배를 경험하기 가장 쉬운 대상일 수 있다.

성장과정에서 어린 시절 양육자에게 감정을 표현하면서 수용과 이해를 받는다. 부모의 거절이 많을수록 아이는 자기감정 표현이 어렵다. 어차피 감정을 표현해도 받아주지 않기 때문이다. 부모의 이해를 기대하지 않으며 자연스럽게 피하게 된다. 충분한 자기 수용을 받지 못한 고통은 내재 된다. 자기를 보호하기 위해 사회로부터 격리함으로써 자신, 타인, 상황과의 접촉을 피한다. 인간의 방어기제는 아무 곳에서 작동시키는 건 아니다. '내가 원하는 안전'과 '내가 빼앗길지도 모르는 안전' 사이의 거리감을 예민하게 인식할 때 나타난다.

'거부 민감성*rejection sensitivity*' 은 대인관계에서 거부당하는 행동에 민감하게 반응하며 불안감을 가지는 것을 말한다. 거부 민감성이 높은 경우 거부당하는 상황을 매우 두려워한다. 타인의 모호한 행동도 자신을 거부한 행동으로 받아들인다. 타인과의 관계를 극단적으로 단절하거나 그 대상을 피해 다닌다. 문제 해결력이 더더욱 떨어지고 대인관계에서 자신감이 상실된다. N 씨는 사람들이 많은 직장을 피하고 싶었다. 혼자서 하는 일을 찾았지만 녹록지 않았다.

회피 방어기제를 과도하게 사용하면 다양한 장애를 야기한다

회피 방어기제는 우리가 불안을 느끼는 상황을 처리하는 능력에 방해 요소로 작용한다. 상황을 직면하는 대신 도피함으로써 더욱더 불안을 야기하고 불안장애에 빠지게 된다. 또한 과도한 회피 방어기제 사용은 '회피성 성격장애*avoidant personality disorder*'로 발전되기도 한다. 어릴 때 애정결핍이나 칭찬이 부족한 경우는 거절에 대한 두려움을 가지게 되기도 한다. 학대나 방치 등의 보살핌이 부족했을 경우도 마찬가지다. 거부감은 불편한 감정으로 남아있고 타인과의 관계에서 거리를 둠으로써 교제를 피할 수 있다.

앞서 본 N 씨 경우도 그렇다. 그녀는 정서적, 신체적 학대를 경험했다. 낯선 남자와 믿었다고 생각한 어머니에게서 말이다. 불쾌한 감정은 직장생활에 영향을 미쳤고 타인과의 관계에 민감했다. 자신에게 무섭게 대하거나 무뚝뚝한 환경을 견디기 힘들어했다. 그런 대상을 만나면 도망치고 싶었다. 조직이라는 단체가 내가 좋은 사람들만 만날 수 있는 곳은 아니다. 나와 맞지 않는 사람을 만나도 부딪쳐야 하는데 그녀는 직면하는 것이 힘들었다.

'피터팬 증후군*Peter Pan syndrome*'은 성인이 되었지만 '어른 아이'처럼 현실을 회피하고 타인에게 의존하는 심리를 가리킨다. 미국의 임상심리학자 '댄 카일리*Dan Kiley*' 가 사회 현상을 반영해 붙인 이름이다. 퇴행 방어기제에도 나타나지만 피터팬은 동화 속 인물이다. 마음이 여리고 미성숙하고 현실 도피적인 캐릭터로 나온다. 현실도피는 회피의 일종이다. 성인이 되었지만 자기 일에 대한 책임을 지지 않고 반복적인 회피가 나타난다.

〈상실의 시대〉로 유명한 일본 작가 '무라카미 하루키' 가 사람들이 자신의 모습을 보고 실망하는 것이 싫어 언론 노출을 극도로 피한다고 말한 기사를 본 적이 있다. 상처받을 상황을 만들지 않으려고 미리 피하는 것이다. 그는 타인에게 자신의 모습이 어떻게 보여지는지가 두렵다. 새로운 환경이나 대상에 불편감을 느끼면 거부감이 생겨 도망치는 행동은 전형적인 회피성 성격장애 모습이다.

회피는 일상생활에서도 자주 나타난다

대인관계에서 회피는 타인과의 갈등과 단절의 요인이 된다. 자신의 잘못을 인정하기 싫어 회피하거나 연락을 끊는 방식으로 나타날 수 있기 때문이다. 위험하거나 고통스러운 감정이나 상황, 대상으로부터 거리를 유지하고 싶다. 감정을 마주할 자신이 없기에 핑계를 만들어 도피하고자 한다. 일상생활에서도 회피 행동은 자주 나타난다. 내일 중요한 시험이나 발표가 있다고 하자. 당연히 시험공부나 발표 자료에 집중해야 한다. 다른 자극에 눈을 돌려 스마트폰만 갖고 놀거나 드라마만 보고 있다면 회피 방어기제가 작동하는 것이다. 신용카드를 대책 없이 사용하고 결제일에 돈을 갚지 않고 연체시키는 일, 카드사의 전화를 수신 거부하는 행동 모두 회피 행동이다. 특정 상황에서 연락이 두절 되는 행동, 전날까지 잘 나오다가 다음날 전화기를 꺼놓고 사라진다. 회피의 행동이 습관으로 굳어지면 진짜 나의 문제를 보지 못한다. 스스로 고통의 원인을 느끼고 진단할 자율적인 힘을 빼앗아갈 수 있다.

전 세계 아이들에게 엘사 열풍을 안겨 준 애니메이션 〈겨울왕국〉을 모르는 사람은 없을 것이다. 국왕이 엘사에게 장갑을 주면서 하는 대사가 있다. "숨기고, 느끼지 마라, 아무에게도 보여주지 마라."고 말한다. 엘사는 모든 만지는 것을 얼음으로 만들어 버리기 때문에 타인에게 피해를 줄까 걱정되는 아버지의 마음이었다. 엘사는 타인과의 관계를 회피함으로써 통제력을 지키려고 했다. 회피 방어기제를 사용하는 사람은 문제가 생기면 자신만의 동굴로 들어간다. 엘사가 자신만의 왕국을 만들어 고립된 것처럼 말이다. 만약 엘사가 처음부터 숨지 않고 타인과 어울리기 위한 방법을 찾았으면 어땠을까?

N 씨는 자신만의 세계에서 나오고 싶지 않았다. 타인을 만나는 것, 사회의 구성원으로 함께 더불어 가는 것이 싫고 두려웠다. 그렇다고 그녀를 그대로 둘 수는 없었다. 엘사가 얼음 왕국에서 나와 세상으로 들어간 것처럼 N 씨에게도 자극이 필요했다. 지속적인 회피 행동은 결코 도움 되지 않는다. 습관적으로 도망치고 있다면 자신을 돌아봐야 한다. 직면할 수 있는 용기를 갖기 위해 노력이 필요하다. 아무것도 하지 않으면 아무 변화도 일어나지 않는다는 것을 기억하자.

- 회피(Avoidance)

회피 방어기제를 자주 사용할 경우, 현실에서 도피하고자 하는 동기가 높아서 갈등이 나 분쟁에서 불안감을 잠시 줄일 수는 있으나 습관화되면 회피성 인격장애로 발전되고 문제를 직면하는 것이 어렵다.

체크 박스

1. 만나서 할 일이 있더라도 피하고 싶은 사람이 있다.

그렇지 않다. ☐ 가끔 그렇다. ☐ 자주그렇다. ☐

2. 나는 거절 당할까봐 남에게 부탁을 잘 않는다.

그렇지 않다. ☐ 가끔 그렇다. ☐ 자주그렇다. ☐

3. 가족 사이에 불화가 생기면 신경을 딴 델 돌리려고 노력한다.

그렇지 않다. ☐ 가끔 그렇다. ☐ 자주그렇다. ☐

4. 골치 아픈 일은 깊이 생각하지 않는다.

그렇지 않다. ☐ 가끔 그렇다. ☐ 자주그렇다. ☐

5. 나는 다른 사람과의 말싸움을 될 수 있으면 피한다.

그렇지 않다. ☐ 가끔 그렇다. ☐ 자주그렇다. ☐

● 그렇지 않다. 1점 / 가끔 그렇다. 2점 / 자주 그렇다. 3점

15점 만점에 7.5점 이상이면 회피 방어기제를 사용하고 있는 것으로 본다.

<출처: (이화방어기제 검사, 김재근, 이근후, 김정규, 박영숙, 1991) 10문항 중 5문항 선별사용한 논문: 청소년의 스트레스와 방어기제와의 연구에서 발췌 >

3장

내적 갈등과 충동을 숨기고 싶어 : 신경증적 방어기제

미운 사람 떡 하나 더 준다: 반동형성

종로에서 뺨 맞고 한강에서 눈 흘긴다: 전치

쥐었다 폈다 한다: 통제

핑계 없는 무덤은 없다: 합리화

조석은 굶고도 이는 쑤신다: 허세

죽은 아이 고 왔다 갔다: 해리

미운 사람 떡 하나 더 준다
:반동형성(Reaction Formation)

20대 중반인 P 씨는 어린 시절 부모가 이혼했다. 언니, 동생, 어머니와 함께 살다가 언니는 P씨가 고등학교때 독립했다. 동생은 자기 뜻대로 되지 않으면 가족들에게 자주 화를 냈다. 그런 동생이 더 화를 낼까. 어머니는 P 씨에게 늘 참으라며 희생을 강요했다. 그뿐 아니라 그녀의 삶 전반에 걸쳐 포기해야 하는 것들이 많았다. 그녀는 자신의 감정을 숨기고 늘 가족과 타인에게 친절했다. 직장에서도 화를 번도 낸 적 없고 순응적인 직원이었다.. 어느 날 동생이 자신의 물건이 없어졌다고 소리를 지르며 새벽에 P 씨를 깨웠다. 입에 담지 못할 욕을 하였고 어머니는 동생이 무서워 P 씨에게 무조건 사과하라고 다그쳤다. 결국 물건은 다른 곳에서 찾았는데 동생의 분노는 쉽게 가라앉지 않았다. P 씨는 동생에게 미안하다고 하며 다독거려주었다. 사실 P 씨가 미안한 일이 아니다. 그녀의 감정억압이 오래될수록 마음의 병이 쌓여갔다.

P 씨는 '반동형성*Reaction formation*' 방어기제를 사용하고 있다. 우리나라 속담에 '미운 놈 떡 하나 더 준다.'라는 말이 있다. '반동형성'은 억압된 감정이나 욕구가 행동으로 나타나지 않도록 하며 정반대 행동으로 제어하는 행위를 말한다. 상대를 미워하는 마음이 있는데 겉으로 티를 내면 안 된다. 그래서 반대로 행동함으로써 자신의 목적을 이룬다. 결국 상대를 속이는 행위인데 사실은 타인으로부터 비난이나 처벌이 두려워 반대로 행동하는 것이다.

반동형성을 많이 사용하면 인간관계에서 문제가 생긴다

학창 시절 좋아하는 여학생이나 남학생에게 괜히 화를 내거나 툴툴댄 적이 있었을 것이다.

마음과 반대로 행동하는 것은 두 가지 마음으로 보여질 수 있다. 좋아하는 대상에게 오히려 불친절하게 행동하면서 관계를 악화시킨다. 긍정적인 마음이 부정적인 태도로 나타나는 것이다. 반대로 싫어하는 사람에게 예의를 갖추거나 정중하게 대하는 행동은 부정적인 마음이 긍정적인 태도로 나타나는 것이다. 자신의 감정을 들키지 않기 위해 방어기제를 작동시킨다. 정도가 심하면 원만한 인간관계가 형성되지 못한다. 스스로 혼란스럽고 분열이 생길 수도 있다.

반동형성을 과도하게 이용하면 다른 사람들의 관심을 지나치게 반동형성을 과도하게 사용하면 다른 사람들의 관심을 지나치게 사려고 하거나 혹은 거만하게 보일 수 있다. 가정 내에서 형제자매 간에도 반동형성이 나타난다. 동생이 태어나서 부모의 사랑을 빼앗길 것 같은 누나나 오빠가 동생에게 질투심 갖는다. 겉으로는 동생을 잘 돌보는 것처럼 연기하며 귀엽다고 볼을 강하게 꼬집어버리기도 한다. 반동형성은 자신의 감정을 수용하기 어려운 감정과 심리를 반대되는 행동을 통해 불안이나 걱정을 회피한다.

자신이 타인을 미워한다는 사실을 인식하지 못한다. 무의식적으로 일어나기 때문이다. 의식화시킬 수 없을까?. 자신의 감정을 인식하는 게 중요하다. P 씨는 자신이 동생을 미워하고 어머니에게 서운한 마음을 갖고 있지만 가족이 알까 두렵다. 그런 생각은 나쁜 사람이 되는 것 같았다. 그녀는 자신의 마음을 숨겨야 했고 괜찮은 척해야 했다. 물론 그녀 자신은 이런 생각을 인식하지 못한다. 자신마저 무너지면 가족이 나락으로 떨어질 것 같았다. 독립한 큰언니는 집이 싫어서 나갔는데 자신은 집을 지키고 싶었다. 자신에게조차 진짜 마음을 숨기고자 하기에 스스로 감정인식이 쉽지 않았다.

인간에게는 '양심'이라는 것이 있다. 정신분석학자 '지그문트 프로이트*Sigmund Freud*'는 인간의 정신 구조에 대해 말한다. '이드*id*', '자아*ego*', '초자아*super ego*'로 나뉜다. '이드'는 본능적인 욕구를 담고 있다. '자아'는 현실적 원리에 의해 움직이고 '초자아'는 도덕적 양심을 담는 그릇이다. 도덕적 양심은 '내부의 감시자'다. 양심에 어긋나는 생각이나 감정이 들면 스스로 자책하게 만든다. 외부의 사람들은 몰라도 자기 스스로는 처벌 받을 것이 두렵다. 반동형성 방어기제를 사용하는 사람은 자신과 타인으로부터 도덕적이라고 인정받을 수 있다. 하지만 늘 자신의 속마음을 숨겨야 하기에 경직된 삶을 살 수밖에 없다.

반동형성은 일상생활에서 흔히 나타나는 방어기제다

일상생활에서 가끔 반대적으로 행동하는 것들이 있을 수 있다. 예를 들면, 무서워하는 행동에 대해 '역 공포적 행동'을 보이는 것이다. 물이 무서운데 오히려 수영을 열심히 배우며 즐기는 행동이다. 예전에 방송 프로그램에서 꽤 유명한 연예인이 이런 말을 한 적이 있다. 자신은 싫어하는 것을 회피하기보다는 더 열심히 해서 극복하고 뛰어넘으려 한다. 반동형성 방어기제를 잘 적용하면 긍정적인 효과를 줄 수 있다. 자신이 너무 억압하고 있으면 오히려 그것을 숨기려고 반대되는 행동이 나온다. 억압하지 않고 극복하려고 한다면 달라진다는 말이다.

분석심리학자인 '칼 구스타프 융*Carl Gustav Jung*'은 남성 내면에 여성성이 깃들어 있으며(아니마*anima*), 여성에게도 내면에 남성성이 깃들어 있다(아니무스*animus*)고 말한다. 우리의 내면에는 여성성과 남성성이 모두 존재한다. 각자 양면성을 갖고 있기에 균형과 조화가 필요하다. 하지만 어느 한쪽이 억압되거나 학대받는다면 온전한 인간으로 성장해 갈 수 없다. 내면의 조화를 이루기 위해 우리는 다른 이성과 관계를 맺는다.

여성이 남성처럼 옷을 입거나 남성이 여성처럼 행동하는 것은 반동형성 방어기제를 통해 자신의 또 다른 면을 감추고 싶어서다. 물론 의식하지 못한다.

이솝우화 中 〈노인과 죽음의 신*The Old man and Death*〉에 대한 이야기가 있다. 〈북 치는 노인과 죽음〉이라는 표제가 더 익숙하다. 북을 치며 생계를 어렵게 유지하는 노인은 날마다 산으로 나무를 하러 가거나 무거운 짐을 지고 다녔다. 노인은 자신의 삶이 너무 힘들어 "이렇게 사느니 차라리 죽는 게 낫다. 죽음의 신은 나 같은 늙은이를 안 잡아가고 뭐 하는지?"라고 푸념을 늘어놓는다. 그때 진짜 죽음의 신이 나타난다. 자신을 왜 불렀는지에 묻자 노인은 당황한다. 갑자기 죽을지도 모른다는 두려움에 노인은 변명하기 시작했다. 북을 어깨에 메고 산에서 내려갈 때 도와줄 수 있는 사람을 찾은 거라고 얼버무린다. 죽음을 원한 것이 아니라고 재차 이야기한다.

반동형성은 겉과 속이 다르다. 그래서 자신이 행동이 어떤 결과를 초래하는지 인식하지 못하는 경우가 많다. 앞서 본 P 씨는 자신의 감정인식이 어렵다. 어릴 때부터 감정을 숨기고 표현하지 않고 겉으로는 좋은 모습만을 보여주려고 했기 때문이다. 그러는 동안 우울감과 불안이 그녀를 괴롭혔다. 가족 누구도 그녀의 고통에 대해 알지 못했다. 빈말이나 영혼 없는 말들은 상대에게 적개심을 보여주기 싫어서 하는 칭찬이다.

과도한 반동형성은 사회적 관계에도 영향을 미친다

감정인식이 어렵고 자신의 감정을 숨기는 일은 타인과의 관계에서도 영향을 미친다. 자신의 감정을 숨김으로써 타인으로부터 이해나 신뢰감을 못 받는다. 심각한 감정억압은 결국 스스로 고립되게 만들고 사회적으로도 격리될 수 있다. 혹은 사회적 불편감을 이기지 못해 타인과의 불안정한 관계가 만들어질 수 있다. 반동형성의 장점이라면 감정적 안정을 제공하는 것이다. 부정적이거나 불편한 감정을 경험할 때 긍정적이거나 편안한 감정으로 전환하려고 한다. 잠시나마 스트레스나 불안을 줄여준다. 하지만 오래가지 못한다. 자신의 감정을 이해하지 못하게 방해하기 때문이다. 진정으로 원하는 것, 느끼는 것을 파악하지 못한다. 진짜 감정을 알아차리지 못하기에 어려움을 겪을 수밖에 없다.

무서운 이야기지만 살인범들에게도 자주 나타나는 것이 반동형성이다. 연쇄살인범들의 주변을 탐색했을 때 "그 총각 친절한 사람이던데", "늘 인사성도 밝고 잘 도와줬는데" 등의 인터뷰를 들어본 적 있었을 것이다. 매일같이 인사하고 마주치던 사람이 연쇄살인범이라니. 그들의 마음속에는 살인 충동이 숨 쉬고 있다. 호시탐탐 기회를 노리는데 남들에게 들켜서는 안 된다. 예의 바르고 부드러운 행동을 통해서 자신이 감정을 숨긴다. 사실 이들도 자신이 타인에게 친절하게 행동하고 있다는 것을 인지하지 못한다. 다시 P 씨의 이야기로 들어가 보자.

그녀는 어머니에 대해 화나는 감정을 갖는 것을 용납할 수 없었다.

자신도 모르는 죄책감에 빠져있었고 희생이 너무나 당연했다. 자신의 억압된 감정을 찾고 인식하는 과정이 필요했다. 진짜 감정을 찾는 일 말이다.

자신의 내면의 목소리에 귀를 기울여야 한다. 화를 내고 싶은데 화를 내면 안 된다고 생각해 반대로 웃고 있다면 내 진짜 마음이 아니다. 슬프면 울어야 하고 화가 나면 적절한 방법으로 화를 표현해야 한다. '가면 우울증masked depression'에 빠질 수 있기 때문이다. 지나치게 괜찮은 척하거나 명랑함, 친절함이 나타날 수 있다. 감정은 억압한다고 사라지는 것이 아니라 어떤 방식으로는 표출된다. 자신에게 혹은 타인에게 향할 수 있기에 자신의 감정과 행동을 주의 깊게 관찰하는 것이 필요하다. P 씨는 감정 일기를 써보기로 했다. 타인을 위한 삶은 공허해지고 자기가 상실된다. 타인의 사랑과 인정은 늘 변하기에 만성적 공허감에 시달릴 수밖에 없다는 것을 기억해야 한다.

- 반동형성(Reaction Formation)

반동형성 방어기제를 자주 사용할 경우, 내 생각과는 정반대의 행동과 감정을 표현하는데 익숙하다. 대상에 따라 겉과 속이 다르게 행동하는 것 때문에 타인과의 관계에서 갈등의 원인이 되기도 한다.

체크 박스

1. 나는 화가 나더라도 웃는 낯으로 대하려고 애쓴다.

그렇지 않다. □ 가끔 그렇다. □ 자주그렇다. □

2. 때로는 상대방을 좋아하면서도 싫어하는 척 할 때가 있다.

그렇지 않다. □ 가끔 그렇다. □ 자주그렇다. □

3. 상대로부터 대접을 받고 싶어도 겉으로는 안 그런척 할 때가 많다.

그렇지 않다. □ 가끔 그렇다. □ 자주그렇다. □

4. 상대방이 싫지만 겉으로는 위해 주는 척 할 때가 있다.

그렇지 않다. □ 가끔 그렇다. □ 자주그렇다. □

5. 열등감(나는 못났어)을 느끼는 경우 오히려 당당하게 행동한다.

그렇지 않다. □ 가끔 그렇다. □ 자주그렇다. □

● 그렇지 않다. 1점 / 가끔 그렇다. 2점 / 자주 그렇다. 3점

15점 만점에 7.5점 이상이면 반동형성 방어기제를 사용하고 있는 것으로 본다.

<출처: (이화방어기제 검사, 김재근, 이근후, 김정규, 박영숙, 1991) 10문항 중 5문항 선별사용한 논문: 청소년의 스트레스와 방어기제와의 연구에서 발췌 >

종로에서 뺨 맞고 한강에서 눈 흘긴다 :전치(Displacement)

40대 초반인 P 씨는 아침마다 아들과 매일 실랑이 중이다. 초등학교 2학년이 된 큰아들은 P 씨가 챙겨주지 않으면 늘 지각이다. 평소에도 산만하고 주의 집중이 어려운 편이라 매번 신경을 써야 했다. 집안일로도 힘든데 남편은 연락도 없이 새벽에 들어오는 일이 잦았다. 요즘 들어 술을 자주 마시는 남편에게 잔뜩 짜증이 나 있었다. 참다못해 P 씨는 아침에 남편과 심하게 다투었다. 남편은 화를 내며 나가버렸다. P 씨는 분이 풀리지 않았다. 다투는 소리에 큰아들과 딸이 깼고 다짜고짜 큰아들에게 화를 냈다. '아빠 닮아서 게으르다. 얼른 서둘러라 또 지각하려고 하냐.'라는 등 애꿎은 아이에게 화풀이했다.

우리나라 속담 중 '종로에서 뺨 맞고 한강에서 눈 흘긴다.'라는 말이 있다. P 씨는 분명 남편에게 화가 났다. 하지만 P 씨는 자신의 감정이 옳

겨간 상황을 자각하지 못하고 남편이 아닌 큰아들에게 분풀이했다. 이런 행동의 기저에는 전치가 있다. '전치*Displacement*'는 신경증적 방어기제에 속하며 실제 대상에게 향했던 감정이 덜 위협적인 대상으로 옮겨가는 것을 말한다. P 씨는 전치 방어기제를 사용하면서 엉뚱한 대상에게 화를 낸 것이다.

강한 감정의 충동을 다른 대상에게 발산한다

전치는 다양한 상황에서 나타난다. 특정 정치인이나 지역을 싫어하는 행동, 그 지역과 관련된 사람들에게 이유 없이 화내는 행동도 전치에 해당한다. 상사에게 혼나고 부하직원에게 화풀이하는 행동, 선생님께 혼난 형이 동생에게 시비 거는 등의 행동도 전치라고 볼 수 있다. 비슷한 대상에게 '감정전이*transference*'가 나타나기도 한다. 자신의 불쾌한 감정을 그대로 배출해버린다. 감정전이는 과거에 경험했던 특정한 감정이나 무의식이 남겨진 정서를 다른 대상에게 체험하는 것이다. 이런 감정은 유년기에 주요한 대상과의 관계에서 경험한다. 어릴 때 좋은 관계를 유지했던 친구와 닮은 사람에게 유난히 친절한 경우다. 혹은 안 좋았던 경험이라면 이유 없이 미워한다.

전치는 범죄자들에게도 많이 나타난다. 2014년 7월 27일 새벽 3시 울산에서 살인사건이 발생했다. 범인 23살 장 씨는 그날 별거 중인 아버지와 술을 마셨다. 아버지가 "너는 돈도 안 벌고 뭐 하는 거냐"는 말을 듣고 홧김에 집에서 칼을 들고나왔다. 2시간 거리를 배회하다가 생일 파티를 끝내고 집으로 가던 18살 여고생을 수십 차례 칼로 찔러 살해했다. 범인은 자신을 무시하는 아버지가 아닌 아무런 일면식도 없는 여고생에 화풀이했다. 연쇄살인범 하면 매번 회자 되는 테드 번디의 이야기를 해보면, 그는 전 여자친구와 헤어진 뒤 그녀를 떠올리는 흑갈색 머리의 백인 여성만 살해했다. 전 여자친구가 관계를 정리하자고 말하자 자신이 거절당했다고 느껴 분노했다. 분노의 대상은 전 여자친구다. 하지만 전혀 다른 대상에게 화풀이 함으로써 연쇄살인을 이어갔다.

2010년에 개봉한 영화 〈주유소 습격 사건〉에도 전치 방어기제를 사용한 장면이 나온다. 아무런 계획도 없이 모인 4명은 편의점에서 라면을 먹다가 주유소를 습격하기로 한다. 주유소와 전혀 접점이 없다. 그냥 편의점 앞에서 보였을 뿐이다. 사실 이들은 가정, 사회에 대한 불만과 결핍이 있다. 사회에 대한 불만을 전혀 관련성이 없는 엉뚱한 장소에 불을 지르는 행동으로 분풀이한다. 과거 숭례문 방화 사건도 마찬가지다. 토지 보상에 불만은 품은 60대가 어이없게 국보 제1호에 방화한 사건이다.

전치를 자주 사용하면 대인관계에 영향을 미친다

감정을 잘 표현하지 못해 덜 위협적인 대상에게 화풀이하는 일은 건강하지 못하다. 감정을 적절히 언어화하는 노력이 필요하다. 전치를 자주 사용하면 대인관계에 영향을 미친다.

전치는 순기능과 역기능이 있다. 상사에게 혼난 뒤 건설적으로 감정을 해소하기 위해 운동을 하는 것. 권투를 하면서 샌드백이 상사라고 생각해보자. 근력도 좋아지고 주먹도 단단해질 수 있다. 순기능은 안전한 상황에서 안전한 방법을 선택한다. 상담 장면에서는 역할 놀이를 통해 감정을 해소하기도 한다. 상담자가 그 상사가 되어준다. 상사에게 못했던 말들이나 감정을 상담자에게 쏟아낼 수 있다. 반면, 이상 동기 범죄, 화풀이 행동, 납치나 감금, 성폭력, 폭언하는 진상 고객 등 타인을 해롭게 하는 행동들이 전치의 역기능이다.

진화생물학자인 '데이비드 바래시*Barash, David*'와 인간 행동 생물학자 '주디스 이브 립턴 *Lipton, Judith Eve*'박사는 화풀이에 대해 "화풀이는 척추동물과 어류에서 대부분 나타나는 현상이다."라고 말했다. 인간과 동물의 화풀이는 고통을 떠넘기기 위한 본능이라고 설명한다.

아프리카 사바나 초원에 주로 서식하는 개코원숭이는 서열에 민감하다. 스탠퍼드대학 생물학과 교수인 '로버트 새폴스키*Robert Morris Sapolsky*' 박사는 〈영장류 회고록〉에서 "개코원숭이 서열 관계는 폭력적으로 이어진다. 강자에게 당한 수컷 개코원숭이는 분풀이 대상을 찾아 주위를 두리번거린다. 그러다 약자 수컷에게 화풀이한다. 약자 수컷은 자신보다 더 약한 암컷을 때린다. 암컷은 자신보다 어린 개코원숭이를 못살게 군다. 어린 개코원숭이는 갓 태어난 새끼 개코원숭이를 괴롭히고 때린다. 이 모든 행동이 15초 안에 벌어진다."라고 기록했다.

인간에게도 비슷한 본성이 바로 전치다. 앞서 본 P 씨의 행동을 들 수 있다. 여기서 P 씨 아들이 학교에 가서 자신보다 더 약한 친구를 괴롭힐 수 있다. 혹은 자신의 동생에게 애꿎은 화풀이를 할 수도 있다. 인간이 동물과 다른 점은 그냥 강자와 약자가 아니다. 좀 더 넓다. 단순한 힘부터 부, 권력, 지위 등으로 나타날 수 있다. 학교 폭력에서 행해지는 전치 현상이 그렇다. 자신보다 약한 대상에게 권력을 갖고 함부로 하려고 한다. 약한 대상자는 가해자의 권력에 힘을 잃는다. 서열에서 밀려난 개코원숭이는 '종속 스트레스'를 경험한다고 한다. 성호르몬이 감소되면서 부정적인 영향을 미치기도 한다.

가해자의 권력이 만들어 낸 학교 폭력으로 무기력해진 피해자들이 경험하는 것은 끔찍한 일들이다. 가해자를 피해 학교를 도망치듯 떠나고, 정신과 치료에 심한 경우 안타까운 자살이거나 타살이다. 약자가 전혀 보호받지 못하는 사회에서는 말이다.

전치에 의존하는 경우 타인을 공격함으로써 도피하려는 것이다

전치에 의존하는 경우 자신이 느끼는 고통스러운 기분이나 화를 자주 어딘가에 해소하려고 한다. 자신에게 위협적이거나 영향력 있는 대상에게 화풀이한다면 관계가 나빠질 수 있다. 자신보다 덜 위협적인 대상을 공격함으로써 안전하게 부정적 기분을 회피할 수 있다. 그렇다고 해서 부정적인 감정이 사라지지 않는다. 남에게 불쾌감을 전달한 후에도 자신이 느꼈던 감정은 그대로 남아있다. 자아가 건강한 사람은 자신이 욕구나 공격성의 대상을 분명히 안다. 그래서 현실적인 대안을 찾아 잘 해결하려고 한다. 전치의 의존성을 가진 경우 자아가 약하다. 자신은 한없이 나약한 존재이기 때문에 문제를 해결할 힘이 자신에게 없다고 느낀다. 감정을 억누를 정도로 통제적이지 못하기에 엉뚱한 대상에게 화풀이하는 것이다.

누구도 타인의 감정 쓰레기통이 되고 싶은 사람은 없다. 자아가 건강한 사람이 되기 위해 노력해야 한다. P 씨는 자신의 행동이 어떤 결과를 낳는지 알았다. 앞으로는 큰아들이 아닌 정작 화나게 만든 남편과의 소통이 필요했다. 프로이트는 "표현하지 않는 감정은 절대 죽지 않는다. 산 채로 묻혀서 나중에 더 추한 모습으로 등장한다."라고 말했다. 자신의 감정을 다른 대상이 아닌 분명한 대상에게 표현되어야 한다. 그것도 올바른 방법으로 말이다. 그리고 감정을 억압해서도 안 된다. 어떤 방식으로든 표출되기 때문이다.

- 전치(Displacement)

전치의 방어기제를 자주 사용할 경우, 상황에 적합하지 못한 감정을 표현하게 되며 그로 인해 부적응적 결과를 초래한다. 지나치게 사용할 경우는 강박이나 신경증적 증상이 나타날 수 있다.

체크 박스

1. 밖에서 기분 나쁜 일이 있을 때 집에 와서 화풀이 하는 경우가 있다.

그렇지 않다. □ 가끔 그렇다. □ 자주그렇다. □

2. 누구를 야단치고 싶으나 막상 다른 사람을 야단 치는 경우가 있다.

그렇지 않다. □ 가끔 그렇다. □ 자주그렇다. □

3. 부모님으로부터 꾸중을 듣고 동생에게 화풀이 한 적이 있다.

그렇지 않다. □ 가끔 그렇다. □ 자주그렇다. □

4. 화가 날 때는 가만히 있다가 나중에 엉뚱한 일로 화를 내게 된다.

그렇지 않다. □ 가끔 그렇다. □ 자주그렇다. □

5. 내 자신이 미워져서 가까운 사람에게 짜증을 낼 때가 있다.

그렇지 않다. □ 가끔 그렇다. □ 자주그렇다. □

● 그렇지 않다. 1점 / 가끔 그렇다. 2점 / 자주 그렇다. 3점

15점 만점에 7.5점 이상이면 전치 방어기제를 사용하고 있는 것으로 본다.

<출처: (이화방어기제 검사, 김재근, 이근후, 김정규, 박영숙, 1991) 10문항 중 5문항 선별사용한 논문: 청소년의 스트레스와 방어기제와의 연구에서 발췌 >

쥐었다 폈다 한다
:통제(Controlling)

40대 중반인 J 씨는 요즘 불안이 심해지고 있다. 고등학교 2학년인 아들이 공부하지 않고 매일 노는 것 같아 걱정이다. 어릴 때부터 모범적이고 엄마 말을 정말 잘 듣는 아이였다고 한다. J 씨가 원하는 것을 한 번도 거슬린 적이 없는 아들인데, 요즘 달라진 아들의 행동이 못마땅하다. 대학에 못 들어갈까 늘 노심초사했다. J 씨는 지나칠 정도로 아들을 통제하려고 했다. 아들은 항상 J 씨가 만들어놓은 프레임 안에서 움직였다. 계획이 조금이라도 틀어지면 화를 냈다. 적어도 서울권 대학을 가야 자신이 덜 창피할 것 같다며 매일 아들을 감시했다.

J 씨는 '통제*Controlling*' 방어기제를 사용하고 있다. 속담 중 '쥐었다 폈다 한다.'라는 말이 있다. 내 마음대로 한다는 뜻이다. '통제'는 자신의 불안감을 줄이고 내적 갈등을 해결하는 수단으로 주변의 대상이나 사건

을 조종한다. 의견에 대한 갈등이 있다면 자신이 원하는 방향으로 끌고 감으로써 성취하려고 한다. J 씨의 행동이 아들을 얼마나 숨 막히게 하는지 몰랐다. J 씨는 아들에게 울면서 하소연했다. 엄마가 어떻게 해야 할지 모르겠다며 무력감을 보였다.

통제 방어기제는 다양한 상황에서 나타난다

통제는 부모와 자녀 관계에 자주 나타난다. 부모는 자신이 이루지 못한 꿈이나 욕구를 자녀를 통해 얻으려고 한다. 이때 자녀를 조종하고 좋은 대학, 좋은 직업을 갖기 위해 원하는 대로 통제한다. 자신이 바라는 방향으로 자녀가 따라가도록 압력을 행사한다. 또한 부모의 품을 떠나는 것이 두려워 통제하며 오직 자신들과만 있기를 바란다. 모든 것을 부모가 해주다 보니 자녀는 무능력한 사람이 된다. 감정적 자율성 상실로 무능력한 자녀는 자신의 무능력함으로 타인을 통제하는 악순환이 반복된다.

연예인 2세가 한 방송 상담프로그램에서 나눈 기사를 보았다. 그녀는 과도하게 아버지를 통제하며 정작 본인은 없었다. 인생의 주체인 '나'라는 대상이 없었고 오롯이 아버지였다. 최근 아버지가 쓰러지고 난 뒤 더더욱 통제가 심해졌다고 한다. 그녀는 자신의 불안을 통제할 수 없어 아버지의 건강에 과도하게 집착했다. 직장에서 나타나는 통제는 어떤가?. 조직 내에서 상사가 직원을 통제하려 한다면 자신의 권위를 이용하려 할 것이다. 자율성이 배제되고 통제권에 들어간 조직은 오래가지 못한다. 친밀한 관계에서의 타인을 통제하고 조종하는 행동은 더 자주 보여진다. 친밀하다는 이유로 타인의 감정, 자신에게 대하는 태도 등 다양한 것을 요구한다. 통제나 소유욕으로 인해 타인에게 집착하기도 한다. 스토킹 범죄는 과도한 통제로 나타난다. 타인에게 집착하는 이들은 불안하고 자존감이 낮다. 자신의 감정처리가 어렵기에 타인을 통해 채우려고 하기 때문이다.

행동주의 심리학자 스키너*Skinner*는 굶긴 비둘기를 새장에 가두고 새들에게 일정한 간격으로 먹이를 주는 실험을 했다. 새들이 무엇을 하고 있건 상관없이 먹이를 주었다. 새들은 자신의 행동과 먹이를 연결해 인과관계를 만든다. 기괴한 행동을 반복하면서 먹이가 나올 것이라 믿었다. 스키너는 비둘기의 행동이 인간의 특정 행동인 '어떤 행동을 통해 잘된다는' 미신과 유사하다고 생각했다. 예를 들면, 동물을 제물로 바친다거나 검은 고양이와 함께 길을 가면 불행한 일이 생긴다 등의 이야기다. 미신은 어느 나라에나 존재한다. 길을 가다가 네잎 클로버를 발견하면 좋은 일이 생긴다. 행운이 온다고 생각하면 위로도 되고 자신감도 생길 것이다. 인간은 예측이 어려운 상황에서 세상을 통제하고픈 갈망으로 미신을 믿는다고 한다. 무력감을 줄이기 위해 상황을 통제하려는 것은 어쩌면 자연스러울 수 있다. 방어기제는 균형 있게 사용하면 불안을 줄일 수 있다. 때로는 극단적으로 치닫게 되는 것이 문제다.

캘리포니아 의과대학 정신과 임상교수인 진 시노다 볼린*Jean Shinoda*

Bolen은 〈우리 속에 있는 여신들〉의 책에서 신화 속 모녀간의 관계 심리에 대해 말한다. 데미테르는 곡식의 수호신으로 페르세포나는 그녀의 딸이다. 데미테르는 어릴 때부터 자신의 딸을 과도하게 통제하고 의존심을 심어주었다. 페르세포나가 자신의 분신이기를 바라고 순응적인 여성으로 성장하기를 원했다. 자아정체성을 잃은 페르세포나는 어머니에게 모든 것을 의존하는 온실 화초처럼 자란다. 결국 우울감에 빠지고 정신질환을 겪고 나서야 진짜 자신의 감정을 알게 된다. 어머니 데미테르의 집착과 과도한 통제방식은 결코 딸 페르세포나에게 도움이 되지 못했다.

자신의 무력함을 이용해 타인을 통제하기도 한다

자신의 무력감을 이용하는 사람은 겉으로 보기에는 의존적이고 무능력해 보일 수도 있다. 이들은 타인을 자기 뜻대로 쥐락펴락하겠다는 생각을 은연중에 갖는다. 무력한 행동으로 타인을 조종해 감정을 얻어낸다. 또한 금전적으로도 필요한 도움을 얻어낼 수 있고 자신 뜻대로 부릴 수 있다고 믿는 것이다. 보호본능을 자극하는 것인데 신체화 방어기제도 같이 나타날 수 있다. 아프다는 것을 미끼로 타인을 조종하는 행동이다. 앞서 말한 J 씨는 아들을 통제하기 위해 감정을 얻어냈다. J 씨 아들은 미안하다며 다시 한번 공부를 노력해 보겠다고 이야기했다. 그제야 J 씨의 불안이 조금 감소 되었다.

일을 미루는 버릇도 타인을 통제하려는 행동으로 나타날 수 있다. 해야 할 일을 최대한 질질 끌고 자신이 해결하지 않는다. 그러다 결국 다른 사람이 해주리라는 기대를 하게 된다. 그런 경험이 많았다면 더더욱 일을 미루려는 행동이 습관화되었을 것이다. 어떤 문제에 봉착했을 때 무시하거나 미루다가 결국 다른 사람이 해주었던 경험이 있는가? 예를 들면, 방 청소를 안 하고 지저분하게 지내면 참다못해 어머니가 해주겠지. 혹은 경제적으로 어려움이 있지만 무시하고 있다가 결국 부모님에게 손을 벌리는 행동도 무력함을 이용한 통제다. 겉으로 보이는 무력함 이면에는 자신이 타인에게 의존하는 것을 용인하지 못한다. 그래서 은밀하게 남을 통제하려는 환상이 숨어있는 것이다.

타인의 보호본능을 자극하는 것으로 '은밀한 통제'를 사용하기도 한다. 의존하는 자신에 대한 방어기제로 말이다. 상담하다 보면 은밀한 통제를 사용하는 사람들을 자주 만난다. 치료를 받으면서도 좋아지는 것을 거부하고 스스로 힘이 없다며 수동적인 사람에 머무르려 한다. 상담사에게 자신의 불편한 감정을 떠넘기며 조종하려 한다. 때로는 상담사를 이상화시킨다. 자신의 모든 문제를 해결해주고 방법을 가르쳐주기를 기대한다. 의존적인 사람들은 스스로 노력보다는 타인이 모두 해주리라는 생각에 사로잡혀 있다.

전능 통제 방어기제의 경우 타인을 완전히 통제할 수 있다고 믿는다

'전능 통제*Omnipotent Control*'는 개인이 자신의 행동, 생각을 통해서 외부사건이나 타인의 행동을 통제하고 조절할 수 있다고 믿는 것이다. "뭐든지 내 마음대로 할 수 있다. 나에게는 그런 힘이 있다."라고 믿으며 행동한다. 전능 통제 방어기제는 자신의 환경에 대해 불안을 줄이고 안정감을 얻기 위해 사용한다. 특히 예측할 수 없는 상황이나 불확실한 상황에 주로 나타난다. 과도한 통제는 모든 상황을 완전히 통제할 수 있다는 믿음에 빠지게 된다. 외부세계에 과도한 통제로 인해 현실과의 괴리를 초래한다. 현실적인 문제를 직면하지 못하고 중요한 정보를 무시하게도 만든다. 문제를 해결하는 데 적절하게 대응하는 것을 방해하기도 한다. 개인의 문제를 외부요인으로 돌려버리고 문제해결을 위해 자신의 행동을 바꾸는 것으로 회피할 수 있다.

전능 통제 방어기제는 다른 방어기제들과 차이가 있다. 전능 통제는 스스로 생각이나 행동을 통해 외부세계를 통제한다. 반면, 다른 방어기제들은 자신의 문제를 무시하거나 혹은 외부 탓으로 돌려 불안을 완화하려고 한다. 인간은 성장하면서 자신의 힘, 타인의 힘이 유한하지 않다는 현실을 경험하고 타협하면서 성인이 된다. 유아기 때는 자신의 힘이 전능해서 세상을 통제한다고 믿거나 양육자가 전능한 힘을 갖고 있어 세상을 통제한다는 마술적인 사고를 갖는다. 이런 생각에서 자유롭게 즐길 수 있는 안전한 형태가 마련하지 않으면 성인까지 영향을 미친다. 안전한 형태는 부모의 양육방식에 따라 결정된다. 양육대상과의 애착 관계 형성이 중요하다. 불안전한 형태는 윤리적인 관심보다는 자신의 전능성을 휘두르는데 중심을 둘 수 있다. 이런 상황을 즐기려는 성격이 고착되면 반사회적 성격장애로 나타날 수 있다.

반사회적 성격장애인 사람 중에는 법을 어기지 않고 타인의 조종하려는 사람도 있다. 전능 통제 방어기제를 통해 불안을 회피하고 자존감을 유지하려는 사람들이다. 타인을 이기는 것에 집착하고 즐거워한다. 교묘한 방식을 쓰거나 자극을 좋아하고 위험에 노출되는 것을 꺼려 하지 않는다. 내가 지금 주변의 모든 것을 통제하려고 하는지. 내가 친밀함을 핑계로 상대방을 은밀하게 통제하고 조종하는 것은 아닌지. 그렇다면 스스로 무력하다는 공포에서 벗어나야 한다는 것을 잊지 말아야 한다. J 씨는 아들이 스스로 감정을 숨기고 엄마의 기분을 늘 맞춰주고 있다는 사실을 인지하였다. 여전히 아들이 좋은 대학에 가지 못할까 공부에 대한 불안감은 높았다. 하지만 아들이 많이 힘들어하고 있다는 감정을 조금씩 들여다볼 수 있었고 자신에게 문제가 있다는 것을 깨닫기 시작했다.

- 통제(Controlling)

통제 방어기제를 자주 사용할 경우, 주변 환경의 대상이나 사건을 조종하고 이용하려는 과도한 시도를 하려고 한다. 자기주장이 강하고 주도권을 행사하거나 타인을 자신의 뜻대로 움직이려고 하고 간섭하려는 경향성이 강할 수 있다.

체크 박스

1. 나는 주변에서 일어나는 일에 대해 그냥 지나쳐 버리지 못하는 성격이다.

그렇지 않다. □ 가끔 그렇다. □ 자주그렇다. □

2. 일이 생기면 내가 앞장서서 사람들을 지휘한다.

그렇지 않다. □ 가끔 그렇다. □ 자주그렇다. □

3. 내 주변에는 답답한 사람들이 많아서 내가 도와주어야 한다.

그렇지 않다. □ 가끔 그렇다. □ 자주그렇다. □

4. 회의에서는 대체로 내가 원하는 방향으로 결정을 끌어내는 편이다.

그렇지 않다. □ 가끔 그렇다. □ 자주그렇다. □

5. 나는 남에게 일을 시킬 때 아주 사소한 점까지 직접 시키는 편이다.

그렇지 않다. □ 가끔 그렇다. □ 자주그렇다. □

● 그렇지 않다. 1점 / 가끔 그렇다. 2점 / 자주 그렇다. 3점

15점 만점에 7.5점 이상이면 통제 방어기제를 사용하고 있는 것으로 본다.

<출처: (이화방어기제 검사, 김재근, 이근후, 김정규, 박영숙, 1991) 10문항 중 5문항 선별사용한 논문: 청소년의 스트레스와 방어기제와의 연구에서 발췌 >

핑계 없는 무덤은 없다
:합리화(Rationalization)

30대 초반인 K 씨는 외도한 남편으로 인해 충격을 받았다. 30대 초반인 K 씨는 외도한 남편으로 인해 충격으로 받았다. 그럴 것이 20살에 만나 8년 연애 끝에 결혼하고 이제 4년 차 부부다. 연애 기간도 길었고 첫사랑이어서 더욱더 상처가 컸다. 그녀는 홧김에 약을 먹었는데 다행히도 생명에는 지장이 없었다. 하루 병원에 입원 후 퇴원했다. K 씨는 남편을 용서할 수 없었다. 남편은 그 여자가 먼저 만나자고 해서 몇 번 만나다 보니 이렇게 되었다고 변명했다. K 씨는 그 말에 더욱 화가 났고 남편을 다그쳤다. 처음에는 용서를 빌던 남편은 시간이 지나자 오히려 화를 내고 집을 나갔다. K 씨는 이혼을 요구했고 남편은 그 여자에게 가 버렸다. K 씨의 남편은 어쩔 수 없었다며 자신의 행동에 정당성을 부여하고 합리화시켰다.

K 씨의 남편을 보면, '핑계 없는 무덤은 없다.'라는 속담이 떠오른다. 무슨 일이든 반드시 핑계가 있다는 것이다. 무엇을 하기 싫거나 스스로 약속을 지키지 못했을 때 사람들은 변명할 구실을 만들고 싶다. 이처럼 어떤 일이 자기 뜻대로 되지 않았을 때 무의식적으로 자기에게 편리한 이유를 대는 것을 '합리화*Rationalization*'라 한다. 신경증적 방어기제로 분류된다. 이들은 자신의 행동이나 태도를 탓하지 않고 남 탓 혹은 주변 환경 탓으로 돌린다.

불합리한 상황에서 상처받지 않도록 자아는 교묘하게 변명하려 한다. 결국 더 큰 상처를 받고 싶지 않기에 모순행위를 하려는 것이다. 또한 자기 보호와 체면을 유지하기 위해 자기 행동의 정당성을 만든다. K 씨의 남편은 외도라는 본질을 잊었다. 그는 상간녀 잘못으로 돌려 자신의 행동을 정당화시켰다. 합리화는 자기방어의 목적으로 사용될 때 본질을 무시하고 자기중심적인 사람이 된다. 그렇다고 합리화가 항상 문제만 일으키는 것은 아니다. 때로는 삶의 원동력으로 우리에게 도움이 되기도 한다.

본질적인 것은 무시하고 자기방어의 목적으로 변명거리를 만든다

자기합리화와 자주 혼용되어서 쓰는 말이 '인지부조화*cognitive dissonance*'다. 인지부조화는 1957년 미국 심리학자인 레온 패스팅거*Leon Festinger*가 주장한 이론이다. 패스팅거는 인간은 합리적인 존재가 아니라 합리화하는 존재라 믿고 있다. 인간은 누구나 조화로운 상태를 원한다. 불균형이나 불일치 상황은 인간을 심리적으로 긴장 상태로 이끈다. 불쾌감과 긴장 상태를 해소하고 안정을 찾는 방법으로 행동하는 것이 부조화다. 자기합리화와 인지부조화는 차이가 있다.

인지부조화는 자신의 행동과 원하던 결과가 다르게 나타나는 것에 불쾌함을 느낀다. 그래서 자신의 태도를 바꾸며 왜곡시킨다. 그 후에 결과로 나타나는 것이 자기합리화 방식이다. 자기합리화는 인지부조화와 상관없이도 나타날 수 있어 둘이 완전히 같은 의미라고 볼 수 없다. 불쾌감을 경험하는 동안 부조화를 줄이거나 제거하는 방법으로 합리화를 쓴다는 말이다. 행동을 바꾸는 것이 아니라 태도나 사고를 자기에게 편리한 방법으로 바꾼다.

예를 들어, 분유 살 돈이 없어 물건을 훔치다가 잡혔다. 절도를 인정하기보다는 '돈도 없고 아기가 굶는데 어쩔 수 없었어.'라며 자신에게 유리한 쪽으로 태도를 정당화시킨다. 아무리 그렇다고 해도 절도는 엄연한 범죄다. 절도를 저지른 행위보다 어쩔 수 없는 상황에 더 초점을 맞춰 정당화시키는 것이다. 본질을 잊은 것이다. 경제적으로 어려운 상황이 문제고 환경 탓이다. 절도의 행위를 합리화시켰다.

어떤 사람이 다이어트를 한다면서 쉴 새 없이 먹는 행동을 반복한다고 하자. 먹는 것을 줄이거나 중단하는 것이 아니라 '이건 칼로리가 낮아서 괜찮아.'라고 말하며 음식을 계속 섭취한다. 칼로리가 낮다고 말하며 음식을 섭취해야 덜 죄책감에 빠진다고 할까. '내로남불'이라는 말이 있다. 내가 하면 로맨스고 남이 하면 불륜이라는 얘기인데 이것도 합리화의 형태다. 패스팅거는 "인간은 자신의 마음속에 양립 불가능한 생각들이 심리적 대립을 일으킬 때, 적절한 조건에서 자신의 믿음에 맞추어 행동을 바꾸기보다는 행동에 따라 믿음을 조정한다."라고 말했다.

구약성서 창세기에 나오는 아담과 이브는 에덴동산에 살고 있다. 어느 날 하느님은 아담과 이브에게 절대 선악과를 먹어서는 안 된다고 말한다. 하지만 사탄인 뱀의 꼬임에 넘어간 이브는 아담과 함께 하느님의 명령을 어긴다. 숨어버린 아담을 찾아 하느님은 이유를 물었다. 아담은 아내인 이브의 잘못으로 모든 책임을 돌린다. 하느님께 혼나고 싶지 않아 자기방어를 하였다. 아내에게 책임 전가하는 방식으로 말이다. 아담의 행동으로 이브는 배신감을 느꼈을 것이다. K 씨의 마음도 그러했다. 믿었던 사람에게 배신당한 것이 그녀가 가장 견디기 어려운 상처였다.

합리화는 때에 따라서는 필요하며 삶의 원동력이 되기도 한다

합리화 방어기제를 사용한다고 해서 무조건 자기중심적이라 할 수 없다. 양면성을 가지고 있기 때문이다. 삶에 있어서 합리화는 필요하다. 특히 반복적이고 저항할 수 없는 상처 앞에서는 말이다. 잘못을 무조건 자책하고 스스로 비난하는 것은 좋지 않다. 합리화 방어기제를 사용하지 않으면 모두 내 탓이 된다. 항상 문제를 너무 직면하려고만 한다. 그래서 우리는 적당한 합리화를 통해 좌절하고 비난하는 행동을 멈춘다.

자신을 탓하기보다는 내 삶을 변호하려는 노력이 더 건설적이다. 오히려 삶을 열심히 살아가게 만드는 원동력이 되기 때문이다. 합리화는 두 가지 전략으로 분류될 수 있다.

첫 번째로 '신포도 형'이다. 〈여우와 신포도〉라는 이솝우화에서 유래되었다. 어느 날 배고픈 여우가 길을 가다가 열매가 주렁주렁 달린 맛있는 포도를 발견한다. 하지만 다리가 짧은 여우는 열심히 뛰어보는데 포도나무가 너무 높아 손이 닿지 않았다. 여우는 "어차피 저 포도는 시고 맛이 없을 거야"라고 말하며 자리를 떠났다. 자신의 목적이나 욕구가 좌절된 상황이다. 욕구와 현실과의 괴리를 채우기 위해 자신에게 유리한 방식으로 표현한다. '포도가 신 것'이라고 부정하며 여우는 부정적인 자기합리화를 시켜 스스로 안정감을 찾는다.

두 번째는 '달콤한 레몬 형'이다. 결과가 볼품이 없어서 다른 사람들에게 무시를 당할까 사용하는 합리화다. 마치 간절히 원했던 결과라고 이야기하는 전략이다. 어떤 여자가 생일날 애인으로부터 아주 값이 저렴한 화장품을 선물 받았다고 하자. 친구들이나 지인들이 "너무 저렴한 브랜드 아니야."라고 말하자. "아니야. 이거 내가 정말 갖고 싶었던 화장품이야."라고 말한다. 아무리 신 레몬일지라도 자기 것이라면 달다고 생각하는 것이다. 달콤한 레몬 형은 긍정적인 자기합리화에 해당한다. 저렴한 화장품은 원래부터 내가 갖고 싶었던 것이라고 합리화시킨다. 역시 마음의 안정감을 찾는다.

두 가지 유형에서 보듯이 자신을 자책하고 비난한다고 해서 상황이 달라지지는 않는다. 여우가 자신의 신체적인 외모를 비관하는 것이 나을까? 저렴한 브랜드라고 속상해하기 보다는 적당히 갖고 싶은 화장품으로 타협하는 것이 낫지 않을까? 때로는 자신의 태도를 변화시켜 삶을 변호하는 방식으로 합리화를 시키는 것이 오히려 낫다는 말이다.

행동이나 태도가 바뀌지 않으면 변화가 어렵다

합리화의 유혹에 빠지는 이유는 뭘까?. 심리적으로 불안과 불편감을 느끼기 때문이다. 스스로 생각이나 행동이 잘못되었다면 인정하면 된다. 하지만 인정하는 것이 어렵다. 바꾸는 것 또한 쉽지 않다. 우리의 마음은 불안하고 불편하다. 이런 감정을 줄이기 위해 주어진 상황에 맞춰 자신의 태도나 신념을 바꿔버리면 편해진다. 그러면 편안한 상태로 돌아간다고 생각하는 것이다. K 씨의 남편은 그 뒤로 집으로 들어오지 않았다. K 씨는 이혼을 준비했고 상담을 통해 자신의 마음을 다독이고자 했다. 연애 기간이 길었고 첫사랑이었던 만큼 상처가 꽤 컸다. 그녀는 다시 약을 먹지 않을 것이다. K 씨가 자신의 행동을 인정하고 진심 어린 용서를 구했다면 부부의 관계는 달라졌을까?

"인간을 바꾸는 방법은 세 가지뿐이다. 시간을 달리 쓰는 것, 사는 곳을 바꾸는 것, 새로운 사람을 사귀는 것이다. 이 세 가지 방법이 아니면 인간은 바뀌지 않는다. '새로운 결심'을 하는 것은 가장 무의미한 행위다." 일본의 경제학자 오마에 겐이치*Omae Kenichi*가 한 말이다. 결국 행동이나 태도가 바뀌지 않으면 변화는 어렵다. 합리화는 인간에게 있어서 필요한 방어기제이다. 다만 적당히 사용하자. 뭐든 과하면 탈이 나는 법.

자신으로 인해 주변 사람이 곤란하거나 힘들다고 말한다면 자신을 반드시 돌아봐야 한다. 합리화 방어기제는 남 탓으로 돌리는 특징을 갖고 있기에 문제의식을 못 느끼기 때문이다. 방어기제는 무의식적이다. 본인이 자각하지 못한다면 계속 악순환이 반복될 수밖에 없다. 주변 지인의 말을 허투루 듣지 말고 편리한 대로 자신의 행동을 무조건 정당화시키지 마라. 무엇이든 솔직하게 인정할 수 있어야 성숙한 사람이 될 수 있다.

- 합리화(Rationalization)

합리화 방어기제를 자주 사용할 경우, 자신의 태도, 신념, 행동을 정당화하기 위해 노력한다. 용납될 수 있는 동기만 선택해서 자신의 태도가 정당한 것인 냥 만들어 그렇게 느껴지게 만든다.

체크 박스

1. 내가 누구에게 싫은 소리를 한 것은 순전히 그 사람을 위해서다.

그렇지 않다. □ 가끔 그렇다. □ 자주그렇다. □

2. 일이 잘못 되었을 때 어쩔 수 없었다고 생각되는 경우가 많다.

그렇지 않다. □ 가끔 그렇다. □ 자주그렇다. □

3. 내가 거짓말을 했을 때는 그럴만한 이유가 있었기 때문이다.

그렇지 않다. □ 가끔 그렇다. □ 자주그렇다. □

4. 물건을 일단 사고 나면 항상 잘 샀다고 생각한다.

그렇지 않다. □ 가끔 그렇다. □ 자주그렇다. □

5. 남과의 약속을 안 지킨 경우는 대개 그럴만한 이유가 있었다.

그렇지 않다. □ 가끔 그렇다. □ 자주그렇다. □

● 그렇지 않다. 1점 / 가끔 그렇다. 2점 / 자주 그렇다. 3점

15점 만점에 7.5점 이상이면 합리화 방어기제를 사용하고 있는 것으로 본다.

<출처: (이화방어기제 검사, 김재근, 이근후, 김정규, 박영숙, 1991) 10문항 중 5문항 선별사용한 논문: 청소년의 스트레스와 방어기제와의 연구에서 발췌 >

조석은 굶고도 이는 쑤신다
:허세(Show off)

30대 후반인 P 씨는 늘 친구들과의 모임에서 밥값과 술값을 본인이 계산한다. 친구들은 P 씨가 돈을 잘 쓴다고 좋아했고 P 씨는 우쭐했다. 마치 자신이 돈을 잘 버는 것처럼 떠벌렸다.

하지만 매달 나가는 카드값이 한도를 넘었다. 아내는 그런 P 씨에게 불만이 많았다. 항상 생활비가 부족했고 아내가 번 돈으로 생계를 유지해 나갔다. 결혼 전에는 사실 P 씨에게 조금 허풍이 있는 정도로만 여겼었다. P 씨의 행동은 도가 지나쳤고 결혼생활이 위태로웠다. P 씨는 친구들을 만나는 횟수가 많았다. 거기다가 젊을 때부터 명품을 즐겨 입던 터라 결혼 후에도 달라지지 않았다. 빚을 내서라도 명품을 사 입는 P 씨를 아내는 도저히 이해할 수 없었다.

급기야 친구의 보증까지 서주는 일이 발생했다. 아내는 답답한 마음에 상담소를 찾아왔다.

P 씨는 '허세*Show off*' 방어기제를 쓰고 있다. '조석은 굶고도 이는 쑤신다.'라는 속담처럼 남 앞에서 겉치레를 좋아하는 사람이다. 허세가 높은 사람들은 타인에게 항상 자신을 과시하고 싶어 한다. P 씨는 돈이 많은 것이 아니다. 법무사에 다니는 그는 그냥 월급쟁이다. P 씨는 타인들을 위해 돈을 낼 때 우월감을 느낀다. 자신을 대단하게 보는 반응을 즐긴다. 잠시뿐이지만 P 씨에게는 중요하지 않았다.

실제의 자신보다 더 우월한 자아상을 겉으로 표현한다

실속보다 겉치레를 중요시하는 허세 방어기제는 '~ 체'를 잘한다. 부자인 체, 잘난 체, 유식한 체 등등 타인에게 자신의 행동이 어떻게 평가받을지가 중요하다. 과도한 허세는 민감한 타인 지향적 경향을 지니게 된다. 앞서 본 P 씨처럼 부자인 체하는 것이다. 허세는 어떠한 상황에서도 자신이 강하고 세다는 걸 주변에 보여주고 싶다. 재밌게도 허세 방어기제는 한국에만 있다. 한국 사람들의 유교 문화로 인한 특유의 적응방식이다. 예로부터 배를 곯아도 양반이라면 체면을 중시하는 과시와 허세의 문화가 현재까지도 이어져 오는 것이다. 한국은 명품판매가 가장 잘 되는 나라 중에 하나라고 한다. 세계적인 명품 브랜드들이 우리나라를 아주 중요하게 생각한다고 하니 씁쓸하기도 하다.

과도한 허세는 자신을 전능한 존재로 승격화시켜 사이비 교주가 되기도 한다. 마치 대단한 사람이 된 것처럼 타인을 조종한다. 타인을 착취하거나 아무렇지 않게 이용한다. 심리성적 발달단계 중 남근기에 고착되어있는 사람들이다. 지그문트 프로이트*Sigmund Freud*는 심리성적 발달단계*psychosexual development*를 5단계로 구분했다. 1단계는 입 주변에서 만족감을 얻는 '구강기(Oral Stage)', 이 시기에 고착되면 퇴행 행동, 술, 담배, 마약, 수다, 껌 씹기, 손톱 물어뜯기 등 자극에 집착하기도 한다. 2단계는 '항문기*Anal Stage*'다. 이때 2~3세 유아들은 배설물을 분출함으로써 쾌감을 느낀다. 이 시기의 고착은 결벽증이나 강박증이 나타나기도 한다.

3단계인 '남근기*Phallic Stage*'는 자신의 성 역할의 정체성을 깨닫는 시기로 '자기애'가 최고조에 달한다. 3~6세로 남자아이들은 엄청난 힘을 지닌 슈퍼맨이 된다. 여자아이들은 사랑을 듬뿍 받는 공주가 된다. 이 시기에 아이들은 상상 놀이를 통해 최고의 위치로 인식하기를 원한다. 이때의 '자기애'가 성장해가면서 자신의 삶을 주도하는 밑거름이 된다. 긍정적인 정체성이 자리 잡지 못하면 자신감이 저하된다. 내면의 부적절 감은 허세를 통해 자신을 과시함으로써 표현된다.

4단계는 '잠복기*Latent Stage*'로 6세~ 사춘기 이전까진 성적이나 공격적인 환상이 잠복기에 들어가고 1~3단계 요소들의 억압이 발생한다. 이때는 운동이나 지적 활동 등 사회적으로 용인된 행동에 에너지를 쏟는 시기다. 마지막 단계는 '생식기*Genital Stage*'는 사춘기 이후다. 성적 에너지가 분출하지만 남근기와는 다르게 현실에 적응하고 성장하는 단계다.

포르쉐 효과*Porsche Effect* 라고 있다. 남성이 좋아하는 여성에게 멋지게 잘 보이고 싶어하는 마음을 가리킨다. 왜 포르쉐 일까? 포르쉐는 독일 폭스바겐 그룹 산하의 프리미엄 자동차 제조사다. 포르쉐를 타면 마치 성공한 연예인의 상징처럼 여겨진다고 한다. 실제로 네덜란드 암스테르담 UV 대학교 연구팀이 100여 명 정도의 남성을 대상으로 연구했다. 실험 조건은 두 가지였고 일상생활에서 사용하는 물품을 기억해 내는 것이다. 첫 번째는 아주 평범한 여성이 나타났을 때, 남성들은 컵, 토스트기, 수건 등 진짜 일상 용품을 기억해 냈다. 두 번째는 아주 매력적인 여성이 나타났고 남성들은 페라리, 포르쉐, 저택 등을 떠올렸다고 한다. 그래서 남성들이 특히 마음에 드는 이성이 나타날 때 성공한 사람처럼 보이고 싶어 허세를 부린다는 것이다. 과도한 허세는 문제가 될 수 있다. 하지만 자신이 소유한 범위 내에서의 허용될 수 있다. 이성에게 잘 보이고 싶어 하는 마음은 누구나 있을 수 있다. 하버드 임상심리학자 크레이그 맬킨*Cring Malkin* 박사는 '정도가 심하지 않은 허세는 건강한 나르시시즘의 일부이다.'라고 말했다. 어느 정도는 정상적인 인간의 성향을 반영할 수 있다는 말이다. 가끔은 나도 모르게 허세를 부리고 싶을 때가 있지 않나?.

이솝우화 중 〈까마귀의 멋 내기〉라는 이야기가 있다. 까마귀는 시커먼 자신의 모습이 싫다. 털도 싫고 보기 흉하다고 생각해 다른 아름다운 새의 털을 모아 자신을 치장한다. 그리고는 자신도 빛깔이 아름다운 새인 것처럼 허세를 떨고 다닌다. 그러다 새들이 까마귀 몸에서 자신의 깃털을 찾아내자 원래 검은 깃털의 모습으로 돌아온다. 까마귀는 새들에게 창피를 당한다. 허세는 심리학자 알프레드 아들러Alfred Adler가 말한 열등감과도 연결된다. 아들러는 열등감이 높은 사람들이 보상받기 위한 과정에서 나타나는 강한 반작용이라고 했다. 까마귀가 자신의 외모에 대한 열등감을 보상하기 위해 예쁜 새들의 깃털로 포장한 것처럼 말이다.

내면의 약함을 인정하기 두려워해서 강제로 억압한다

어린 시절 허세가 많았다면 그 사실 간과해서는 안 된다. 자아가 건강하지 못하다는 것이다. 부모의 눈치를 보거나 자신의 의견을 당당히 표현하지 못하는 경우가 많다. 부모가 아이의 마음을 잘 공감해주지 못한다면 소외감을 느낀다. 소외감은 눈치로 이어지고 자연스러움이 상실된 상태에서 성장은 결핍을 안고 성인이 된다. 앞서 다른 방어기제를 이야기하면서 거의 매번 등장한 애착과 결핍이다. 결핍은 내면의 약함을 인정하기 두렵다. 강제로 억압하면서 겉으로는 허세를 통해 자신의 약함을 숨기게 된다.

아마 주변에서 가끔 허세 가득한 '카푸어Car Poor'를 만난 적이 있을지도 모른다. 카푸어는 자동차Car와 빈곤층Poor을 뜻하는 단어가 합쳐져 파생된 단어다. 반지하 월세 살면서도 차는 좋은 차를 타고 다녀야 한다. 과일은 유기농으로 먹어야 하고 여관이나 모텔에서는 잠을 못 잔다. 빚을 내서라도 일 년에 2~3번은 해외여행을 가야 한다. 음식점도 비싼

곳만 찾아다닌다. 일상생활에서 심심치 않게 볼 수 있다. 허세가 가장 많이 나타나는 곳이 아마도 SNS(소셜미디어서비스)가 아닐까. 타인에게 마음껏 자신의 과시를 할 수 있는 곳이니 말이다.

'내가 누군지 알아~'라며 친구 중에 유명한 사람을 들먹이면 마치 자신과 각별한 것처럼 말하는 사람을 본 적 있을 것이다. 실질적으로는 친하지도 않을뿐더러 상관없는 경우도 많다. 지능형 허세 중에는 어떤 사람이나 상황을 판단하며 말하는 사람도 있다. 정확한 대안도 없이 비판적인 평가만 한다. 마치 자신이 정답을 갖고 있고 이미 이런 상황을 다 알고 있었던 것처럼 말이다. '내가 그럴 줄 알았어. 처음부터 이럴 줄 알고 말린 거야.' 이렇게 자신의 우월감을 표현하는 것도 허세다. 자신의 위치를 높은 자리인 것처럼 힘 자랑을 하기도 하고 상황을 즐기기도 한다. P 씨는 법무사에서 사무국장을 맡고 있다. 연차가 있다 보니 연봉이 낮지는 않다. 그렇다고 돈을 흥청망청 쓸 정도로 부자는 아니다. 나보다 못한 것처럼 보이는 사람 앞에서 높은 우월감에 사로잡혀 갑질이나 허세를 부리게 된다. P 씨처럼 말이다.

'허세의 인플레이션' 현상이 허세 방어기제를 부추긴다

타인에게 있어 보이고 싶은 욕구가 소셜미디어를 만나서 끝없이 팽창하는 것을 가리켜 '허세의 인플레이션*Show off inflation*'현상이라고 한다. 인플레이션*inflation*은 물가가 지속적으로 상승하는 것을 말한다. 부자도 아니면서 부자인 척하려고 지출하는 비용이 인플레이션처럼 급등한다는 신조어다. 마음이 불안할수록 허세 행동은 심해진다. 자신의 진짜 감정이 들킬까 두렵기 때문이다. 다른 사람은 잘살고 있는데 나만 낙오된 것 같다고 느낀 적이 있는가? 타인에게 잘 보이고 싶을 때 허세 방어기제를 사용하는데 열등한 마음을 보상받고 싶어한다. 자신의 능력 이상을 보여주다 보면 때로는 현실감각을 벗어나기도 한다.

프랑스 루이 15세와 마리 레슈친스카 왕비의 넷째딸 아델라이드 공주는 자아가 강했다. 그녀는 정치적 야심이 컸다. 하지만 소망한 것처럼 베르사유 궁전을 마음대로 할 수는 없었다. 왕족이라는 위치를 이용해 화려함으로 치장하면서 자신을 과시했다고 한다. 그녀는 자신이 원하는 것을 이루지 못해 허세 방어기제를 통해 대리만족을 느꼈을지도 모른다. P 씨는 안타깝게도 자신이 가진 방패 뒤에 숨어서 나올 기미가 보이지 않았다. P 씨의 아내는 남편을 설득해보고 상담도 권유했지만 그럴 의사가 없다. P 씨의 아내는 계속 남편과 살아야 할지 고민이라고 했다. 선택은 그녀의 몫이었다. P 씨는 자신의 행동으로 정말 소중한 무언가를 잃게 될 수 있다는 것을 알까.

- 허세(Show-off)

허세 방어기제를 자주 사용할 경우, 실속보다 겉치레에 더 신경을 쓰며 분수에 넘치더라도 최고급만을 추구한다. 능력에 비해 허세를 부리거나 ~체 하는 경우가 많고 외양을 중시하는 경우가 대부분이다.

체크 박스

1. 내때로는 유식한 체 하는 게 필요하다고 생각한다.
   그렇지 않다. □ 가끔 그렇다. □ 자주그렇다. □

2. 기왕이면 다홍치마라고 겉모양도 매우 중요하다.
   그렇지 않다. □ 가끔 그렇다. □ 자주그렇다. □

3. 돈에 여유가 없더라도 옷을 살 때는 기왕이면 최고급의 옷을 사겠다.
   그렇지 않다. □ 가끔 그렇다. □ 자주그렇다. □

4. 남 앞에서 잘 난체 해야 하는 경우가 있다.
   그렇지 않다. □ 가끔 그렇다. □ 자주그렇다. □

5. 나는 남에게 선물을 할 때 절대 내 분수에 넘치는 것은 하지 않겠다.
   그렇지 않다. □ 가끔 그렇다. □ 자주그렇다. □

● 그렇지 않다. 1점 / 가끔 그렇다. 2점 / 자주 그렇다. 3점

15점 만점에 7.5점 이상이면 허세 방어기제를 사용하고 있는 것으로 본다.

<출처: (이화방어기제 검사, 김재근, 이근후, 김정규, 박영숙, 1991) 10문항 중 5문항 선별사용한 논문: 청소년의 스트레스와 방어기제와의 연구에서 발췌 >

죽은 아이 업고 왔다 갔다
:해리(Dissociation)

L 씨는 30대 초반으로 결혼 7년 차 주부다. 그녀는 결혼 전 남편과 헤어졌다가 임신 사실을 알고 다시 결혼을 결심했다. 큰아들이 7살 되던 해 집 앞 골목에서 교통사고를 당했다. 후진하던 차에 안타깝게도 큰아들을 잃었다. 둘째 아들은 고작 4살이었다. L 씨는 그날 집안에서 일하고 있었고 아이는 잠시 집 앞에서 놀던 상황이었다. L 씨는 자책했고 큰아이의 죽음을 받아들이기 힘들었다. 일주일을 멍한 상태로 아무것도 하지 않았다. 그 사이 남편에 대한 원망이 더 커졌고 남편을 극도로 미워했다고 한다. 매일 늦게 들어왔던 남편, 그날도 남편이 일찍 들어왔더라면 등 여러 가지 감정과 생각이 뒤엉켰다.

충격적인 사건을 경험 후 자신의 모습이 낯설고 기억, 감정, 생각을 별개로 인식하는 것을 '해리*Dissociation*'라고 한다. 속담 중 '죽은 아이

업고 왔다 갔다'라는 말이 있다. 해리는 '분리' ,'분열'을 뜻하는 의미다. L 씨는 다른 사람처럼 행동하며 공격적인 모습을 보이다가 갑자기 울기도 하는 등 이해할 수 없었다. 다니던 직장도 그만두고 친구들과도 연락을 끊었다. 고등학교 때부터 친했던 친구는 괴로워하는 L 씨를 그냥 두고 볼 수 없었다. L 씨는 앞서 말한 부정 방어기제가 나타났던 분으로 해리 방어기제도 보여졌다. 방어기제는 하나만 나타날 수도 있지만 대부분 여러 개가 동시에 나타난다.

해리는 받아들이기 힘든 현실로부터 벗어나려는 행동이다

해리 방어기제는 현실을 받아들이기 너무 힘든 상황에서 자신을 괴롭히는 생각과 분리하려고 한다. 마치 자신의 마음이 아닌 다른 사람처럼 행동하려는 것이다. 쉽게 말해, 의식의 분리가 일어난다. 자신이 경험했던 충격적인 상황을 받아들이기 어려워 기억과 감정, 생각을 별개로 인식하게 된다. 우리에게 익숙한 '지킬박사와 하이드'처럼 낮에는 지킬박사의 모습으로 저녁에는 하이드로 전혀 다른 인격체로 분리된다. 저항도 회피도 할 수 없는 상황이 되면 생존을 위해 몸과 정신을 분리하게 되는데 그것이 해리다. 자아를 격리하지 않으면 덮쳐오는 공포가 두렵고 암담하기 때문이다. L 씨는 아들의 죽음을 받아들이는 것이 매우 힘들었다. 그럴 것이 남편과 헤어지려다 아이가 생겨 원하지 않은 결혼을 했다. 아이에 대한 자신도 모르는 원망이 있었던 터라 죄책감이 더

켰다.

습관적인 해리 방어기제의 경우, 현실적인 대처가 어렵고 대인관계에서 오해나 갈등이 자주 발생하기도 한다. 지금 세상이 마치 현실이 아닌 꿈처럼 느끼는 경우도 생긴다. 왜곡된 상태로 세상을 인지하기도 한다. 해리의 대표적인 현상으로 세 가지를 꼽을 수 있다. '해리성 기억상실*dissociative amnesia*'은 감당할 수 없는 충격으로 인한 기억을 무의식적으로 묶어둔다. 심리적인 요인에 의해 기억력 손상을 보이는데 직업적, 사회적 기능에 영향을 미친다. 마음에 남은 큰 충격으로 인해 과거의 기억들 모두를 기억하지 못하거나 일부를 기억해 내지 못한다. 극도의 스트레스로부터 자신을 보호하기 위해 선택한 기억의 봉인인 셈이다. 가끔 힘든 기억으로 멍하거나 내가 겪은 일이지만 나와 상관없는 일처럼 느꼈던 적이 있는가.

'해리성 정체감 장애*Dissociative identity Disorder*'를 경험할 수도 있다. 보통 2~3개 정도의 다중인격*Multiple personality*을 갖고 있고 중심이 되는 자아와 부수적인 자아들로 이루어진다. 뉴질랜드 사는 '앰버 럿지'라는 여성이 93개의 자아를 가졌다는 기사를 본 적이 있다. 이들 자아는 각기 다른 면을 보인다. 다른 자아들이 나올 때 기억을 잃고 불안감을 느낀다. 자아가 여러 개다 보니 본인도 혼란스럽기도 하고 주변 사람들은 적응이 어렵다. 매우 드문 장애이긴 하다. '이인화 장애*depersonalization disorder*'는 자신으로부터 분리된 느낌을 주관적으로 경험한다. 스스로 생각, 감정, 행동을 외부 관찰자로 묘사하며 내가 아닌 느낌을 주로 받는다. 정서적으로 무감각해지거나 비현실적이고 꿈같은 느낌을 받는다. 또한 시간을 인식하는 어려움이 있어 왜곡되게 지각하기도 한다.

해리 방어기제는 때때로 생존을 위한 대처 전략이 되기도 한다

해리 방어기제는 때때로 생존을 위한 대처방식이 되기도 한다. 필자는 일주일 사이 사기를 당하고 박사 논문 과정에서 심하게 좌절했던 적이 있었다. 내게 일어난 일이 사실이 아니고 나와 별개의 것으로 느껴졌었다. 마치 일주일이 통째로 사라진 것 같았고 늘 다니던 길과 만나던 사람들이 낯설었다. 누구나 특정한 조건 상황에서는 해리가 될 수 있다. 도저히 지금 대처할 수 없고 고통스럽고 충격적이라면 누구나 도망가고 싶지 않을까. 그 감정으로부터 자신을 보호하고 싶기 때문이다. 내가 경험했던 충격적인 자극의 차단을 통해 일시적으로 말이다.

2023년 11월 넷플릭스에서 방영된 〈정신병동에도 아침이 와요〉라는 드라마가 있다. 정신적인 문제를 가진 환자와 정신과 의사와 간호사들이 서로의 온기를 통해 마음의 치유를 얻는다는 잔잔한 물결 같은 드라마다. 주인공 정다은(박보영 배우)은 우울증을 앓고 있지만 정신과 간호사로 일하면서 조금씩 극복해 간다. 어느 날 자신이 돌보던 환자가 자살하자 그 충격으로 해리성 기억상실에 빠진다. 기억하고 있으면 너무 힘들기 때문이다. 다행히 그녀는 동료들의 도움으로 트라우마를 극복하게 된다. 마음이 뭉클해지는 드라마다. 주인공에게 해리는 살기 위한 생존

대처 전략이었을 것이다.

충격적인 외상 경험은 감정적 각성에 압도되어 뇌 기능에 영향을 미친다. 편도체가 과도하게 활성화되면 기억을 관장하는 해마와 우리 몸의 사령탑으로 불리는 전두엽의 활성이 떨어진다. 전두엽은 상황판단과 대처에 관여하는데 저하되면 기억이 처리되어 통합이 어렵다. 회복을 방해한다는 것이다. 이미 지나간 사건이지만 계속 경험하는 것처럼 외상의 영향을 벗어나지 못해 반복적으로 힘들다. 해리를 통해 기억하고 싶지 않은 것들을 망각함으로써 감정적 고통에서 벗어날 수 있기에 일시적으로는 마음이 편하다. 해리 방어기제의 순기능일 수 있다.

해리는 스트레스에 취약한 상태에서 나타나기도 한다.

해리 방어기제는 아동학대, 가정폭력, 성폭력 피해자들이 주로 사용하기도 한다. 이들은 자신이 겪은 끔찍한 사건을 무의식 속으로 밀어 넣는다. 그때의 상황을 마치 다른 사람의 일처럼 이야기하거나 감정을 느끼지 못하는 경우를 종종 보았다. 해리가 발생할 때 우리의 뇌에서는 감정억제 반응을 일으킨다고 한다. 고통과 어떤 감정도 느끼지 못하고 멍한 상태로 반응하는 것이다. 과거의 트라우마는 스트레스에 더 취약할 수밖에 없다. 어린 시절 어떠한 사건으로 인해 스트레스를 경험했을 때 주변에서 도와준 사람이 있었는지가 중요하다. 그때 감정을 처리하고 대처하는 방식을 배우기 때문이다.

퓰리처상을 네 번 수상하고 노벨문학상을 받은 미국의 희곡 작가가 있다. 바로 〈지평선 너머〉로 유명한 유진 글래드스터 오닐*Eugene Gladstone O'Neil*이다. 그는 부모의 가정불화로 힘든 유년 시절을 보냈다. 그때마다 종교에 의지했었고 독실한 크리스천이 되었다. 하지만 언제부터인가 규칙을 어기는 데서 희열감을 느끼기 시작했다고 한다. 명석한 두뇌로 명문대 입학했지만 불량한 태도로 곧 퇴학당한다. 고통스러운 현실을 받아들일 수 없었던 그는 알코올 중독자가 되어 방랑자 생활을 하게 된다. 이때 그가 해리 증세를 보였다고 한다.

만약 자신이 해리 방어기제를 사용하고 있다면 무의식적으로 해리시켰던 부분을 자각하고 통합하는 과정이 필요하다. 물론 스스로는 어렵기에 전문가의 상담이 필요하다. L 씨는 끈질긴 친구의 연락에 반응을 보였다. 친구가 상담을 권유하였고 설득은 쉽지 않았다. 아쉽게도 바로 L 씨를 만날 수 없었지만 어쩌면 그녀의 행동은 큰아들을 잃은 고통을 해리 방어기제를 통해 기억 속에 봉인하고 싶었던 것은 아닐까. 부모라면 자식을 먼저 보낸 죄책감과 괴로움으로 스스로 용서하는 일에 많은 시간이 걸릴 것이다. 당신의 잘못이 아닌데도 말이다.

- 해리(Dissociation)

해리 방어기제를 자주 사용할 경우, 감정적인 고통을 주는 인격적인 부분이 사라지고 정상적인 의식과 분리되어 독립적인 인격으로 기능한다. 다중인격, 이중인격의 모습을 보일 수 있다. 개인의 행동이나 감정을 일시적으로 지각하지 못하는 경우도 있다.

체크 박스

1. 가끔 내 자신이 변한 것처럼 느껴질 때가 있다.

그렇지 않다. ☐ 가끔 그렇다. ☐ 자주그렇다. ☐

2. 스트레스를 받으면 머리가 혼란스러워진다.

그렇지 않다. ☐ 가끔 그렇다. ☐ 자주그렇다. ☐

3. 복잡한 일이 있으면 정신이 혼란해져서 엉뚱한 행동을 할 때가 있다.

그렇지 않다. ☐ 가끔 그렇다. ☐ 자주그렇다. ☐

4. 어려운 일에 부딪히면 갑자기 내 자신이 다른 사람처럼 느껴질 때가 있다.

그렇지 않다. ☐ 가끔 그렇다. ☐ 자주그렇다. ☐

5. 주변 사람들이 갑자기 낯설게 느껴질 때가 있다.

그렇지 않다. ☐ 가끔 그렇다. ☐ 자주그렇다. ☐

● 그렇지 않다. 1점 / 가끔 그렇다. 2점 / 자주 그렇다. 3점

15점 만점에 7.5점 이상이면 해리 방어기제를 사용하고 있는 것으로 본다.

<출처: (이화방어기제 검사, 김재근, 이근후, 김정규, 박영숙, 1991) 10문항 중 5문항 선별사용한 논문: 청소년의 스트레스와 방어기제와의 연구에서 발췌 >

4장

건설적이고 친절한 공감 : 성숙한 방어기제

고생 끝에 낙이 온다: 억제

가까운 데를 가도 점심을 싸서 가지고 가라: 예견

뚝배기보다 장맛: 승화

내 살이 아프면 남의 살도 아픈 줄 알아라: 이타주의

탕약에 감초: 유머

고생 끝에 낙이 온다
: 억제(Suppression)

K 씨는 어떠한 상황이 오더라도 적응하려는 모습을 보였다. 현재 30대 초반인 그는 어릴 적 그는 경제적으로 매우 어려웠다. 어머니가 세 번이나 바뀌며 가정이 안정적이지 못했다. 하지만 학교 내에서는 모범생이었고 성실한 아이였다. 열심히 공부한 덕분에 좋은 대학에 들어갔다. 대학에서 스카우트 제의를 받았고 졸업 전에 외국기업에 입사했다. 틈틈이 자격증도 열심히 땄고 2년 만에 더 좋은 회사로 연봉을 높여서 이직했다. 회사에서도 힘든 일이 있을 때마다 미래에 대한 구체적인 계획을 세웠고 부정적인 생각을 하지 않으려고 노력했다.

우리나라 속담에 '고생 끝에 낙이 온다.'라고 했다고 했다. 어려운 일을 잘 견디면 좋은 일이 생긴다는 말이다. K 씨는 참을성이 많았다. '억제 *Suppression*' 방어기제를 사용하고 있었다. 억제는 마음의 불편한 감정을 회피하지 않는다. 또한 부정적인 영향을 최소화하기 위해 합리적인 노력을 기울인다. K 씨는 자신이 원하는 공기업에 입사하게 되었다. 항상 어떤 일이든 다시 한번 생각하고 행동으로 옮기는 습관이 있다. K 씨를 알고 지낸 지도 벌써 15년이다. 지금은 가정을 이루고 신혼생활 중이다.

억제는 경험을 통해서 학습될 수 있다

억제 방어기제는 참을성과 연관된다. 참을성이 많을수록 같은 스트레스 상황에서 받는 경험의 차이가 다르다. 보통 사람들보다도 불안도 낮고 화도 덜 낸다. 억제는 다른 방어기제와 다르게 의식적 혹은 반의식적이다. 현재 나의 상황이나 감정, 욕구 등을 거리를 두어 인식하고 스스로 조절하려고 노력한다. '지금 내가 너무 화가 나서 행동으로 옮긴다면 상처를 줄 수도 있겠구나' 등의 자기 인식을 통해 자발적으로 제어한다.

또한 억제 방어기제는 일상생활에서도 자주 나타난다. 만약 밤길을 가는데 갑자기 어제 본 공포영화가 생각날 때, 가뜩이나 밤이라 무서운데 공포영화의 한 장면까지 떠오르면 무섭다. 우리는 의식적으로도 무서운 생각을 억제하고 재미있는 생각을 하려고 노력할 것이다. 당신이 영화를 보러 갔다고 하자. 앞 좌석에 앉은 사람이 키가 너무 커서 화가 났다. 그 사람의 머리를 밀어버리는 생각을 하다가 고개를 절레절레 흔들 수 있다. 건강한 생각이 아니기 때문이다. 다이어트를 위해 먹고 싶은 음식을 참는 것도 억제라고 할 수 있다. 아마도 억제가 가장 많이 나타나는 것이 연인과의 이별일 것이다. 헤어진 연인과의 사랑의 아픔을 극복하기 위해 함께 했던 기억을 잊으려고 노력하는 것이 억제다. 기억하고 있으면 괴롭기 때문이다.

현재 나를 괴롭히는 생각이나 문제, 욕구 등을 생각하지 않음으로써 스트레스에서 벗어나고자 한다. 계속 그 생각을 한다고 해서 달라지지 않기 때문이다. 억제를 잘 사용하는 경우는 문제해결 능력이 탁월하다. 쓸데없는 걱정이나 불안에 휩싸여 있기보다는 주의를 전환 시켜 건설적인 방법으로 표현하기 때문이다.

억제는 바람직하지 않은 의식적 충동과 갈등에 대한 관심을 지연시킨다

하버드 대학교 심리학 교수였던 다니엘 웨그너*Daniel Merton Wegner*는 한 가지 실험을 한다. A 그룹에는 "흰곰을 생각하라", B 그룹에는 "흰곰을 생각하지 말라"고 지시한다. 결과는 어떠했을까. B 그룹이 훨씬 더 흰곰을 생각하는 빈도수가 높았다. '웨그너의 흰곰 실험'으로 유명한 이 실험은 '억제의 역효과'라고 할 수 있다. 불편한 생각을 안 하려고 무조건 참다 보면 오히려 그 생각이 더 나게 되는 것이다. 심리학 용어로 '흰곰 효과' 혹은 '반동 작용'이라고 부른다. 억제는 의식적으로 생각하지 않으려고 주의를 전환하는 것으로 대치한다. K 씨는 토익 시험을 앞두고 일부로 승진 생각을 하지 않는다. 즐거운 생각과 맛있는 것을 먹으면서 시간을 보낸다고 말한다.

'핀란드의 뭉크'라고 불리는 헬렌 쉐르벡*Helene Schjerfbeck*은 자화상을 그린 화가로 유명하다. 그녀는 50대에 이르러 사람들에게 화가로서 인정받기 시작했다. 그러던 그녀에게 새로운 사랑이 찾아왔다. 늦은 나이에 찾아온 행복도 잠시 그 남자는 젊은 여성과 약혼해 버린다. 그녀가 떠나간 연인을 그리워하고 슬픔에서 벗어나지 못했다면 어떠했을까. 아마 자화상들을 더 이상 볼 수 없었을지도 모른다. 사랑의 상처를 잊기 위해 그녀는 억제 방어기제를 통해 그림으로 승화시켰던 것 같다. 50대에 완성한 자화상에 더 맑은 영혼이 담겨 있다고 하니 초연함이 느껴진다.

해결되지 못한 억제의 감정은 억압으로 이어진다

911테러로 가족을 잃은 한 남자가 있다. 〈레인 오버 미*Reign over me*〉라는 영화는 한 남자의 슬픔과 고통을 따라간다. 주인공 찰리(아담 샌들러)는 가족들에 대한 기억과 감정을 없애려고 했다. 사랑했던 아내와 아들을 잃은 슬픔은 그가 감당하기에는 너무 큰 충격이기 때문이다. 찰리는 살기 위해 억제 방어기제를 통해 고통스러운 기억을 묻어버렸다. 억제를 잘 사용하면 자기 발전에 도움이 될 수 있다. 다만 해결되지 못한 억제의 감정은 억압으로 이어진다는 것을 잊으면 안 된다. K 씨가 처음부터 억제를 잘 사용했던 것은 아니다. 고등학교 1학년 때 K 씨는 우울했고 부정적인 면이 많았었다. 내 인생에 있어서 가장 힘들 때 누군가를 만난다는 것은 중요하다. 찰리가 대학교 룸메이트였던 앨런(돈 치들)을 만나면서 변화된 것처럼 말이다.

사회 심리학 용어 중에 '자기충족적 예언*self-fulfilling prophecy*'이라는 말이 있다. 미국 사회학자 윌리엄 아이작 토마스William Issac Thomas가 처음 발견한 용어다. 일이 잘될 것이라고 기대하는 믿음으로 그만큼 잘 풀리게 되는 경우를 말한다. 억제는 억압하고는 다르다. 감정을 묻어두고 무의식 저편으로 보내지 않는다. 감정에 휩싸이기보다는 화가 나거나 부정적인 정서를 효과적으로 통제해 간다. 감정을 조절하기에 필요한 합리적인 행동을 찾아서 실제로 행한다. 발표를 앞두고 우리가 심호흡을 통해 불안감에서 벗어나기 위해 긴장을 이완시키는 것처럼 말이다.

〈바람과 함께 사라지다〉 영화 제목을 아마 한 번은 다 들어보았을 것이다. 주인공 스칼렛 오하라(오드리 햅번)의 유명한 대사는 늘 회자 되고 있다. "After all, tomorrow is another day(내일은 내일의 태양이 뜬다)." 내일의 가능성과 희망을 상징한다. 억제 방어기제는 불안과 고통을 회피하지 않는다. 불안이라는 감정이 있기에 우리는 더욱 열심히 살고 대비하고 준비하기 때문이다. 인간은 불안으로부터 자유로워질 수 없다. 이미 판도라의 상자가 열린 순간부터 받아들여야 했다. 그렇기에 내일은 더 나아진다는 마음으로 오늘을 즐겁게 보내면 된다. 해결되지 못한 감정이 있다면 숨기지 말자. 불안한 마음에 계속 머물러 있으면 내일의 태양이 떠올라도 볼 수 없다. 현재를 즐기지 못하면 미래는 없다는 말이다. 너무나 원론적인 말이지만 실천하고 행동하는 습관이 꼭 필요하다.

- 억제(Suppression)

억제 방어기제를 자주 사용할 경우, 긴급하게 해결할 문제가 있을 때 그 외의 감정이나 행동을 일단 보류시킬 수 있다. 그 후 적절한 시기가 오면 억제했던 갈등이나 욕구를 다뤄줄수 있기에 성숙한 방어기제 해당된다.

체크 박스

1. 복잡한 일이 생기면 일단 머리를 식힌 다음 다시 생각해본다.

그렇지 않다. ☐ 가끔 그렇다. ☐ 자주그렇다. ☐

2. 남과 다툴 일이 있더라도 일단 기다렸다가 적당한 기회에 이야기 한다.

그렇지 않다. ☐ 가끔 그렇다. ☐ 자주그렇다. ☐

3. 당장에는 뜻을 못 이루더라도 기회가 올 때까지 기다린다.

그렇지 않다. ☐ 가끔 그렇다. ☐ 자주그렇다. ☐

4. 나는 매사에 참을성이 많다.

그렇지 않다. ☐ 가끔 그렇다. ☐ 자주그렇다. ☐

5. 어떤 일이 처음에 잘 안되더라도 느긋하게 대처한다.

그렇지 않다. ☐ 가끔 그렇다. ☐ 자주그렇다. ☐

● 그렇지 않다. 1점 / 가끔 그렇다. 2점 / 자주 그렇다. 3점

15점 만점에 7.5점 이상이면 억제 방어기제를 사용하고 있는 것으로 본다.

<출처: (이화방어기제 검사, 김재근, 이근후, 김정규, 박영숙, 1991) 10문항 중 5문항 선별사용한 논문: 청소년의 스트레스와 방어기제와의 연구에서 발췌 >

가까운 데를 가도 점심을 싸서 가지고 가라
: 예견(Anticipation)

O 씨는 어릴 때부터 메모지에 적는 습관이 있었다. 가끔 친구들과 여행을 갈 때도 계획적으로 가지 않으면 불안해 일정이 모두 자신이 정하는 편이었다. 30대 후반인 그녀는 세무사 사무실을 다니면서 가정일도 충실했다. 직업에 대한 만족감도 높았고 항상 열심히 했다. 가끔 스트레스를 받는 일은 충동적인 자녀와의 관계서였다. 미리 준비하고 대비하는 것이 습관처럼 되어 있던 터라 즉흥적인 아들이 걱정이다.

우리나라 속담에 '가까운 데를 가도 점심을 싸서 가지고 가라'는 말이 있다. 미래에 있을 불편감에 대해 미리 내다보고 준비하는 것을 말한다. O 씨는 '예견*Anticipation*' 방어기제를 사용하고 있다. 그녀는 항상 준비하는 자세로 빈틈이 없다. 특히 자녀의 학원을 알아볼 때 각각 비교해서 자녀에게 정말 도움이 되는 곳을 찾으려 노력했다.

현재 상황에서 예상되는 문제나 충돌을 미리 인지하고 대처한다

예견 방어기제는 미래에 대해 예측을 한다. 늘 현재 상황에서 예상되는 문제나 충돌을 미리 인지하고 대비책을 마련한다. 너무 모든 상황에서 완벽하게 하려고 하면 실망과 좌절을 줄 수 있다. 성숙한 방어기제라도 균형이 필요하다. 합리적인 예측과 유연성을 갖고 있어야 한다.

일상생활에서 많이 나타나는 예견의 한 형태는 건강검진이다. 미리 건강을 관리함으로써 병에 걸리지 않도록 돌본다. 신중한 일 처리를 통해 실수를 줄이려는 행동, 범죄를 예방하기 위해 집안의 문단속을 철저하게 하는 행동 등 모두 예견이라고 볼 수 있다.

예견을 통해 예상되는 상황이나 어려움을 대비할 수 있다. 미리 계획을 세우고 준비하는 과정에서 감정적 안정감을 유지할 수 있다. 우리가 걱정하는 대부분은 실제로 일어나지 않는 경우도 많다. 불안하기에 방어기제를 사용하는데 성숙하지 못한 방어기제를 사용하기에 문제가 된다. 반해, 성숙한 방어기제인 예견은 미래에 일어날 불안을 예측하고 현실적으로 해결책을 구상하려고 노력하며 스트레스 요인을 제거한다. 예를 들어, 시험에 떨어졌다고 하자. 미성숙한 방어기제를 사용한다면 자신을 탓하거나 감정억압, 혹은 자기 비난 등 우울감에 빠질 수 있다. 예견은 다음 시험을 위해 다시 차근차근 준비한다. 어떤 부분에서 내가 실수를 했는지 또 부족한지를 잘 점검해서 대비한다.

성숙한 방어기제라고 해서 무조건 좋다고 할 수는 없으며 예견도 마찬가지다. 과한 경우 완벽주의나 강박증으로 나타날 수 있으니 조심해야 한다. 살다 보면 누구나 위기를 겪고 인간이라면 피할 수 없다. 우리는 항상 준비해야 하고 위험에 대책을 세워놓는 지혜가 필요하다. 예견의 역할이 그렇다. 굴을 여러 개 파놓은 토끼가 사냥꾼을 쉽게 따돌릴 수 있었다는 '교토삼굴敎兎三窟'의 교훈이 예견 방어기제를 대변한다.

예견은 평소에 잘 준비하면 후에 근심이 없다

고대 아테네의 정치가이자 군인 테미스토클레스*Themistocles*는 미래를 예측하는 능력을 가지고 있었다. 마라톤 전투에서 승리하고 다음 전쟁에 대비해 살라미스 해전에서 승리로 이끌었다. 사자성어 중 '유비무환有備無患'이라고 있다. 어떤 일이든지 평소에 잘 준비하면 후에 근심이 없다는 말이다. 예견은 유비무환을 일컫는 방어기제다. 유비무환을 실천한 분이 바로 거북선을 만든 이순신 장군이다. 이순신 장군의 예견이 없었다면 왜구의 침략을 막아낼 수 있었을까.

〈멧돼지와 여우〉라는 이솝우화가 있다. 어느 날 멧돼지가 느릅나무 앞에서 긴 이빨을 부지런히 갈고 있었다. 근처를 지나던 여우가 사냥꾼도 없고 위험하지 않은데 왜 쓸데없이 이빨을 가는지 물었다. 멧돼지는 쓸데없이 이를 가는 것이 아니라 언제 갑자기 위험이 닥칠지 모르니 준비하는 중이라고 했다. 그때는 이빨을 갈 여유가 없을 수 있다. 그래서 미리 준비해 두었다 필요할 때 쓰려고 한다. 멧돼지가 미리 대비하고 준비하는 모습은 예견의 행동이다. O 씨는 어릴 때부터 준비성이 철저했다. 본인은 계획적으로 사는 삶에 만족했다.

예견 방어기제를 왜 사용하게 되는 걸까. 우리의 미래는 불확실하다. 알 수 없는 미래에 대해 미리 준비하고 대비하는 것으로 불안을 감소시키며 실패할 가능성을 줄 일 수 있다. 예견 방어기제는 불안이나 걱정이 많은 사람들에게 필요하다. 불안과 걱정만 하고 끝나는 것이 아니다. 예견은 실제적이든 잠재적이든 생겨날 일에 대해 미리 생각해보고 대안을 만들어 볼 수 있다. 내가 생각하는 최악의 시나리오를 떠올리고 어떤 일들이 일어날 것 같은지 예측해본다. 그리고 어떤 대책을 세우면 좋은지를 함께 계획해보는 것이다. 건강한 방어기제를 훈련해 보게 한다.

예견 방어기제는 훈련이 필요하다

카나리아는 되새 과에 속하는 애완용 새다. 옛날 광부들은 카나리아를 광산에 들어갈 때 함께 데리고 들어갔다고 한다. 카나리아는 일산화탄소 농도에 민감해 카나리아가 몸부림치면 광산 안에 유독가스가 찼다는 신호로 알고 광부들이 탈출했다. 카나리아 새를 발견하지 못했고 준비하지 않았다면 알아차리지 못했을지도 모른다. 예견은 우리 삶에 있어서 위험징후에 미리 대비할 수 있는 건강한 기제다. 성숙한 방어기제는 그만큼의 훈련이 필요하다.

예견 행동은 일상 훈련이 가능하다. 예견 방어기제를 훈련 시켰던 B

씨의 이야기를 잠시 해보겠다. 그녀는 겁이 많았다. 불안도 높았고 작은 소리에도 굉장히 민감했다. 어느 날 복도에서 낯선 남자가 지나가다가 집을 잘못 찾아 그녀의 집 현관문을 잡아당긴 적이 있었다. 그 이후로 불안이 더 높아졌다. 낯선 남자가 집으로 들어올까 두렵다. 그녀와 최악의 시나리오를 생각했다. 낯선 남자가 집으로 들어온다면. 대책을 세워보기로 했다. 기존에 쓰던 비밀번호를 바꿨다. 잠금장치를 이중으로 했다. 스마트폰 1번에 112로 바로 신고접수가 가도록 설정했다. 그리고 낯선 남자가 올 확률에 관한 이야기를 나눴다.

예견 방어기제는 대인관계에서도 도움을 준다. 대인관계에서 갈등을 다루는데 타인이 어떻게 반응할 것인지를 상상할 수 있다. 반응에 어떻게 다룰지 계획하거나 대처할 수 있다. 하지만 계획이 매우 과도할 경우 강박장애나 완벽주의적 성격장애로 발전하는 등 오히려 부정적 결과를 초래하기도 한다. 적절하게 사용하는 것이 필요하다. 예견은 분명 삶에 있어서 도움이 되는 건 사실이다. 미래의 스트레스를 경감시키고 갈등을 줄인다. 정서적 리허설을 통해 미래의 반응을 충분히 계획할 수 있기에 불안을 참아낼 수 있다. O 씨는 자녀에게도 예견을 훈련 시킬 수 있도록 노력해 보기로 했다. 계획적이지 못한 성향일 경우 메모하는 습관만 길러도 발전할 수 있다.

- 예견(Anticipation)

예견 방어기제를 자주 사용할 경우, 현실적인 예견을 하며 계획을 잘 세울수 있다. 걱정스러운 결과에 대해 미리 생각하고 감정적인 반응을 미리 예견함으로써 현실적인 대안들을 미리 대비할 수 있다.

체크 박스

1. 무슨 일을 하기에 있어 만반의 준비를 갖춘다.

그렇지 않다. □　　가끔 그렇다. □　　자주그렇다. □

2. 시험에 대비하여 평소부터 차근차근 준비하는 편이다.

그렇지 않다. □　　가끔 그렇다. □　　자주그렇다. □

3. 나는 용돈(급여)에 맞추어 지출계획을 세우고 거기에 따라 돈을 사용한다.

그렇지 않다. □　　가끔 그렇다. □　　자주그렇다. □

4. 아침마다 그날 할 일에 대해서 계획을 세워 본다.

그렇지 않다. □　　가끔 그렇다. □　　자주그렇다. □

5. 평소 건강을 생각하여 꾸준히 운동을 하는 편이다.

그렇지 않다. □　　가끔 그렇다. □　　자주그렇다. □

● 그렇지 않다. 1점 / 가끔 그렇다. 2점 / 자주 그렇다. 3점

15점 만점에 7.5점 이상이면 예견 방어기제를 사용하고 있는 것으로 본다.

<출처: (이화방어기제 검사, 김재근, 이근후, 김정규, 박영숙, 1991) 10문항 중 5문항 선별사용한 논문: 청소년의 스트레스와 방어기제와의 연구에서 발췌 >

뚝배기보다 장맛이다
: 승화(Sublimation)

P 씨는 어릴 때부터 공부를 좋아했다. 현재 30대 초반으로 대학원에서 사회복지를 전공하고 석사 과정 중에 있다. 그녀의 삶은 순탄하지 않았다. 중학교 때 부모의 이혼으로 경제적으로 어려웠다. 다행히 머리가 좋았던 그녀는 장학금을 받고 대학교에 입학했다. 닥치는 대로 아르바이트를 하면서 생활비를 벌었고 4년 내내 장학금을 한 번도 놓치지 않았다. 대학을 졸업하고 곧바로 회사에 취업도 되었다. 사회복지 기관에서 일하면서 틈틈이 대학원 갈 기회를 찾았고 마침내 대학원에 입학했다. 그녀는 한 번도 사회복지사의 꿈을 포기하지 않았다. 어려운 가정형편에서도 늘 딛고 일어서면서 자신이 원하는 것들을 이루어 갔다.

P 씨는 '승화*Sublimation*' 방어기제를 사용하고 있다. 우리나라 속담에 '뚝배기보다 장맛이다'라는 말이 있다. 겉모양은 보잘것없으나 내용은

훌륭하다는 뜻이다. 승화는 불편한 감정이나 충동에 직면했을 때 이를 완화하고 통제하기 위해 사용한다. 자신의 감정을 효과적으로 관리하고 스트레스를 해소하는 방법으로 사용하기도 한다. P 씨가 자신의 환경에 낙담이나 좌절하고 있는 것이 아니라 극복하고 나아가는 것처럼 말이다. 승화는 성숙한 방어기제로 긍정적인 결과를 가져온다.

승화는 힘들고 불편한 사건을 생산적인 활동으로 변환시킨다

우리는 살아가면서 많은 시련을 겪는다. 좌절하거나 그 일을 통해 하나라도 배우려는 사람도 있다. 사람마다 개인차는 존재한다. 그걸 '회복 탄력성*Resilience*'이라고 부른다. 회복 탄력성은 자신에게 닥치는 온갖 역경과 어려움을 도약의 발판으로 삼는 걸 말한다. 회복 탄력성이 높은 사람은 승화 방어기제를 잘 사용할 수박에 없다. 그들은 힘들고 불편한 사건을 생산적인 활동으로 변환시키고 오뚜기처럼 일어서기 때문이다. 역경을 연료 삼아 새로운 것들을 만들어내기 위해 노력한다. 승화의 방어기제는 다른 방어기제와 다르게 욕구를 억누르지 않는다. 건전한 방식으로 발산하기 때문에 승화의 방어기제를 통해 성취감을 경험하기도 한다.

프로이트는 승화의 아이디어를 독일의 시인이자 작가인 하인리히 하이네*Heinrich Heine*의 소설 〈The Harz Journey(하츠 여행)〉을 읽다가 떠올렸다고 한다. 책 속에 나오는 주인공이 어릴 적 개를 만나게 된다. 호기심에 개의 꼬리를 자르게 되는데 나중에 커서 외과 의사가 된다. 소설 내용에서 착안하여 승화가 충동을 직접적 만족과 안정 사이의 갈등을 해결하는 방법이라고 말한다. 승화는 고차원적이다. 용납되지 않는 충동의 표현을 고귀하고 가치 있게 표출한다. 승화는 다른 기제와는 다르게 자아의 억압이 일어나지 않는다. 사회적으로 쓸모 있게 작용 되며 인위적인 경로를 통해서라도 배출구를 발견하기 때문이다.

승화는 다양한 분야에서 지극히 사소하고 친근하게도 나타난다

아마도 승화가 가장 꽃을 피우는 영역은 예술 분야가 아닐까. 내가 가지고 있는 욕망이나 고뇌, 슬픔을 예술로 끌어올려 표현한다. 정신적 고통과 불안한 환경 속에 꽃을 피운 화가 멕시코에 프리다 칼로가 있다면 우리나라는 단연코 천경자가 아닐까. 여동생의 죽음과 평탄치 않은 두 번의 결혼 등으로 죽음을 생각했었던 그녀. 그 아픔을 견디기 위해 그림으로 승화시켰다. 이탈리아 화가지만 과학자가 더 어울리는 레오나르도 다빈치 역시 사생아로 태어났다. 프로이트는 태어나서 첫 5년 동안 아동의 경험이 성격 형성에 가장 영향을 미친다고 했다. 이때 다빈치는 어머니와 관계가 매우 좋았다고 한다. 아마 그가 호기심 많고 지식인으로 성공할 수 있었던 것은 어머니의 역할이 아니었을까. P 씨도 비슷했다. 어머니는 그녀를 사랑으로 키웠다.

〈백조의 호수〉로 유명한 러시아 클래식 음악의 거장 차이콥스키는 동성애자였다. 그는 법대 시절의 동창, 조카 등 평생 동성애자의 정체성에서 벗어날 수 없었다. 19세기 러시아는 동성애자를 시베리아 유형을 보내야 할 죄인으로 여기던 시절이었고 차이콥스키는 늘 죄책감에 시달렸다. 그는 동성애적인 죄책감과 괴로움을 음악으로 승화시켰다. 〈강아지 똥〉, 〈몽실언니〉의 동화작가 권정생 선생의 이름도 익숙할 것이다. 어린 시절 거리청소부였던 아버지가 쓰레기 더미에서 가져온 책으로 글을 익혔다고 한다. 가난한 집안 형편에 겨우 초등학교를 마치고 안 해본 것이 없었던 그는 동화를 쓰는 일로 승화시켰다. 〈강아지 똥〉은 '세상에 결코 가치 없는 것들은 없다.'라고 말한다. 작가 자신의 삶을 대변하듯 누구나 도움이 될 수 있고 그것을 내가 어떻게 표현할 것인가의 차이다.

앞서 본 P 씨처럼 대학원을 들어가는 거창한 행동이 아니어도 소소하게 승화를 경험할 수 있다. 자기계발이나 배움을 통해서도 가능하다. 프로이트가 말한 공격적인 충동성을 운동으로도 발산할 수 있다. 어릴 때 주먹싸움하다가 권투선수가 된 경우도 승화 방어기제에 사용한 것이다. 분노 조절이 어려운 경우 스포츠나 신체활동을 통해 분출하도록 돕는다. 이러한 방어 메커니즘은 사회적으로 인간이 수용될 수 있도록 기회를 준다.

인간의 욕구 단계 중 가장 상위는 자아실현이다

에이브러햄 매슬로우*Abraham Maslow*는 '욕구 단계 모델'을 이야기했다. 1단계는 먹고, 자는 것 등의 가장 기본적인 욕구다. 2단계는 안전에 대한 욕구다. 추위나 질병, 위험으로부터 자신을 보호한다. 3단계는 소속감의 욕구다. 이 시기는 주로 가정을 이루거나 단체에 소속감 속에서 서로 애정을 주고받는다. 4단계는 존경의 욕구다. 소속 단체의 구성원으로 명예나 존경을 받고싶어한다. 5단계는 자아실현이다. 자신의 재능과 잠재력을 충분히 발휘해서 모든 것을 성취하려는 욕구 단계다.

승화는 자아실현으로 가는 길을 도와준다. 싸움을 잘하던 아이가 권투선수가 그냥 되는 것은 아니다. 부모의 무관심에 그대로 싸움만 하도록 둔다면 어땠을까. 승화에는 밑거름이 있다. 홍수를 막기 위해 하나하나 정성 들여 쌓아 올린 댐처럼 시간이 필요하다. 갑자기 나타나는 것이 아니다. 싸움의 재능을 알아본 부모는 곧장 아이를 권투학원에 등록시킨다. 아이에게 칭찬을 아끼지 않았고 늘 맛있는 간식을 챙겨주었다. 권투학원 관장님도 아이가 잘 성장할 수 있도록 이끌었다. 정성 들여 쌓아 올린 댐이 수력발전소가 되는 것처럼 권투선수를 만드는 것이다. 승화에 있어서 중요한 것은 지지체계와 성취 경험이다.

인내하고 좋은 방향으로 노력하면 얼마든지 성공할 수 있다

이솝우화 중 〈번데기와 개미〉 이야기 있다. 어느 날 개미가 길을 가다가 발도 없고 날개도 없는 번데기와 마주친다. 개미는 못생긴 번데기를 비웃고 무시한다. 며칠이 지나 번데기를 다시 만났지만 빈 껍데기만 남아있자 개미는 다른 동물에게 먹혔다고 생각했다. 그 순간 개미 머리 위를 멋지게 비행하는 나비 한 마리. 나비는 그때 개미가 만난 번데기였다. 번데기가 나비가 되는 과정은 많은 인고가 필요하다. 승화의 과정 또한 아무런 노력 없이는 이루어질 수 없다. P 씨는 아르바이트로 번 돈 모두 적금을 들었다. 공부도 게을리하지 않았고 시간을 쪼개서 계획적으로 생활했다. 어머니가 주는 용돈도 허투루 쓰지 않았다. 그녀의 학창 시절은 암울했을까. 아니다. 친구 관계도 좋았고 성격 좋은 그녀 곁에는 친구들이 항상 있었다.

예전에 만난 아이는 화가 날 때마다 그림을 그리면 마음이 편해진다고 했다. 그 아이는 건강한 방식으로 자신의 마음을 표현하고 있었다. 감정적인 충격이나 상처를 자신만의 방법을 통해 치유하고 이해하는 도구를 찾은 것이다. 화가로서 꿈을 키워갈 수 있도록 가이드를 만들어주는 것이 부모의 몫일 것이다. 승화는 건강한 적응기제로서 우리의 삶에 일상적으로 적용되고 있다는 것을 인지할 수 있어야 건강하게 배출구를 찾을 수 있다.

- 승화(Sublimation)

승화 방어기제를 자주 사용할 경우, 욕구의 대상과 목적이 사회적으로 바람직한 방향으로 바뀌게 되어 긍정적으로 표현될 수 있다. 생산적인 작업을 통해 적응적인 방향으로 간접적으로 성취될 수 있다.

체크 박스

1. 나는 화가 나면 운동으로 풀곤 한다.

그렇지 않다. ☐ 가끔 그렇다. ☐ 자주그렇다. ☐

2. 기분이 울적할 때는 노래를 하거나 책을 읽으며 마음을 달랜다.

그렇지 않다. ☐ 가끔 그렇다. ☐ 자주그렇다. ☐

3. 심심할 때는 연극이나 영화, 미술 감상 등을 한다.

그렇지 않다. ☐ 가끔 그렇다. ☐ 자주그렇다. ☐

4. 마음이 복잡할 때는 친구들을 만나 떠들고 이야기하면서 푼다.

그렇지 않다. ☐ 가끔 그렇다. ☐ 자주그렇다. ☐

5. 가끔 그림을 그리면서 시간을 보낸다.

그렇지 않다. ☐ 가끔 그렇다. ☐ 자주그렇다. ☐

- 그렇지 않다. 1점 / 가끔 그렇다. 2점 / 자주 그렇다. 3점

15점 만점에 7.5점 이상이면 승화 방어기제를 사용하고 있는 것으로 본다.

<출처: (이화방어기제 검사, 김재근, 이근후, 김정규, 박영숙, 1991) 10문항 중 5문항 선별사용한 논문: 청소년의 스트레스와 방어기제와의 연구에서 발췌 >

내 살이 아프면 남의 살도 아픈 줄 알아라

:이타주의(Altruism)

30대 Y 씨는 아직 미혼이다. 그녀는 가족들을 위해 항상 나서서 자신이 불편감을 감수한다. 좋은 음식이 있어도 아버지와 동생이 우선이다. Y 씨의 어머니는 그녀가 18살 때 암으로 돌아가셨다. 어머니의 몫까지 동생과 아버지를 돌보아야 한다는 책임감이 있었다. Y 씨는 친구들과 놀러 갈 계획을 잡았다가 가족의 일로 취소하는 경우가 많았다. 아버지와 동생을 위한 희생에는 불평이 없었다. Y 씨는 가족을 돌보는 일에 보람을 느꼈다. Y 씨의 동생이 연애를 시작하자 자신이 아끼는 가방이나 신발을 빌려주기도 하였다. 동생의 연애를 진심으로 축하하고 지지해주었다.

Y 씨의 행동을 이타주의*Altruism*라고 부른다. 속담 중 '내 살이 아프면 남의 살도 아픈 줄 알아라'라는 말이 있다. 타인의 입장으로 생각해보라

는 말이다. 이타주의는 성숙한 방어기제에 해당한다. 이타주의를 가진 사람은 자신보다 타인을 먼저 생각한다. 타인의 행복에 오롯이 행동이나 기반이 되는 목적을 둔다. 프랑스 철학자 오귀스트 콩트*August Comte*가 이타주의라는 말을 처음 사용했다. 이타성은 타인의 행복에 관심을 가지고 배려하는 내재적인 심리적 특성을 말한다. 이타성이 기본이 되어 행동으로 나타나는 것이 '친사회적 행동*Prosocial behaviors*'이다. 친사회적 행동이 조금 더 광범위하다. 자신이나 타인의 이득을 위한 모든 도움 행동을 포괄한다. 이타 행동은 도움 행동 가운데 자신의 이익에 대한 부분은 배제한다. 순전히 타인만을 돕기 위한 행동을 의미하기 때문이다.

이타주의는 다양하다

가정이나 혹은 사회에서 나타나는 이타주의, 호혜성 이타주의, 순수한 이타주의 등 다양한 이타주의 모습이 있다. 앞서 말한 Y 씨는 가정에서 나타나는 이타주의다. 타인보다는 가족들에게 더 희생하는 형태다. 사회에서 나타나는 이타주의는 타인을 위해 봉사하는 행위다. 자원봉사나 기부금의 형태로 보여질 수 있다. '호혜성 이타주의*Reciprocal Altruism*'는 로버트 트리버즈*Robert Trivers* 박사가 발표한 이론이다. 상대가 나에게 호의를 베풀면 나중에 나도 상대에게 호의를 베푼다는 뜻이다.

계약 이타주의와 순수한 이타주의는 구분되어야 한다. 계약 이타주의에는 대가성이 존재한다. 자칫 대가성은 분노를 느끼고 갈등 관계를 만들기도 한다. 친구가 과제를 하는데 힘들어했을 때, 그냥 순수하게 도와줄 수 있다. 하지만 '지금 내가 이 친구를 도와주면 나도 힘들 때 도와주겠지.'의 생각이 저변에 있다면 상황은 달라진다. 미래에 보답이 이루어지지 않을 경우, 그 친구에 대해 분노하게 된다. '나는 도와줬는데. 어쩌면 이럴 수 있어.' 하고 말이다.

성숙한 방어기제이긴 하지만 '과유불급過猶不及'이라고 했다. 모든 지나침이 과하면 자신을 잃어버린다. 자신이 가진 것이 없어도 빚을 내서도 기부를 하는 행위, 자신의 건강을 돌보지 않고 타인을 위해서만 희생하는 행위 등이다. 이타성으로 인한 친사회적 행동이 많아지면 남을 챙기고 돕느라 자신의 시간을 갖지 못한다. 자기 자신은 없고 오로지 타인에게 인정과 사랑을 받는 일에 집착하게 된다.

방어기제의 창시자인 지그문트 프로이트*Sigmund Freud*의 딸 '안나 프로이트*Anna Freud*'는 '자아와 방어기제의 메커니즘*The Ego and the Mechanisms of Defense*' 연구에서 '이타적 양도*Altruistic surrender*'라는 말을 사용했다. 쉽게 말해 이타적 양도는 '대리만족'이다. 자신의 욕구를 타인을 도우면서 충족하는 것이다. Y 씨는 가장 힘든 시기에 어머니를 잃었고 맏이로서 책임감이 컸다. 가족이 행복한 모습, 동생이 연애하는 모습 등에서 대리만족을 느꼈을 것이다. 안나 프로이트는 이타적 양도에 대해 "타인을 위한 삶이 자신에게 유일한 존재 방식이라면 스스로 욕구와 재능을 무시하고 사는 것"이라고 하였다. Y 씨의 삶이 과연 행복한 삶일까?

이타주의 유발 기제에는 공감과 조망 수용이 있다

이타주의자들은 타인에게 건설적으로 봉사하며 개인적으로 만족감과 충족 경험을 간접적으로 느낀다. 이타성의 유발 기제에는 '공감'이 있다. 공감은 타인의 감정, 생각, 상황을 이해하며 자신과 타인 사이의 관계를 형성한다. 타인의 정서적인 마음을 경험하는 공감은 이타주의를 촉진 시킨다. 타인의 아픔이나 슬픔을 줄여주기 위한 행동이 자신의 정서적 경험이나 아픔도 경감시켜주기 때문이다.

공감을 잘하려면 인지적 요소와 정서적 요소가 필요하다. 인지적 요소는 타인의 생각, 감정의 수용과 이해를 위한 자아중심적인 사고의 극복이다. 정서적 요소는 공감적 관심, 역지사지易地思之하는 정서적 간염이다. 선한 마음은 개인적인 이득을 바라지 않는다. 자발적으로 타인을 돕는 것은 사회적으로 좋은 일이 될 수 있기 때문이다. 이타성의 행동 결정에 중요한 요인으로 '조망 수용'이 있다. 조망 수용은 타인이 현재 처한 위치나 상황을 이해하는 것이다. 곤경에 처한 타인의 관점을 볼 수 있다는 것은 이타적 행동을 가능하게 만든다. 사회적 조망 수용 능력은 친사회적 행동에 영향을 주고 타인의 생각, 감정 등을 이해할 수 있도록 한다.

인간은 남을 배려하는 유전자를 가지고 태어난다고 한다. 다만 정도 차이가 있다. 미국 워싱턴대학교 연구팀은 15개월 된 유아 47명을 대상으로 이타성을 실험하였다. 공정한 마음과 타인을 배려하는 마음은 첫

돌 무렵 생성된다는 연구 결과가 나왔다. 〈이타주의자가 지배한다〉의 저자 슈테판 클라인*Stefan Klein*은 "이기주의자가 단기적으로 볼 때는 훨씬 잘 사는 것 같지만, 장기적으로 보면 타인의 행복을 위해 노력하는 이타주의자가 훨씬 앞선다."라고 하였다. Y 씨는 공감 능력이 매우 뛰어났다. 직장생활을 하면서도 타인을 배려하는 일이 많아 직장 내에서도 그녀를 싫어하는 사람은 없었다.

주관적 행복도가 높은 사람들은 이타적 행동을 하는 비율도 높다

이타적인 사람들의 75%가 행복한 사람, 이기적인 사람들의 95%가 불행한 것으로 판별되었다고 한다(Rimland, 1982). 이기적인 사람은 타인의 눈에 불행하다고, 이타적인 사람은 훨씬 더 행복하다고 인식된다. 이타적 행동을 할 때 애정과 관련된 호르몬인 '옥시토신*Oxytocin*'과 '바소프레신*vasopressin*'이 분비된다. 행복을 느끼게 하고 스트레스를 감소시킨다. 또한 면역체계를 강화 시켜 인간 수명도 길게 만든다. 긴밀한 인간관계 또한 기대수명을 높인다. 타인에게 사랑을 받는 게 아니라 얼마나 주는지에 따라 달라진다는 것이다. Y 씨는 자신의 삶에 대해서 불행하다고 느끼지 않는다. 인간은 불편감을 느껴야 변화된다. 무조건적 희생은 언젠가는 자신의 에너지가 고갈될 것이다. 아마도 Y 씨는 번 아웃 되었을 때 자신을 들여다볼 수 있을 것 같다.

심리학자 스티븐 포스트*Stephen Post*도 이타적 감정과 행동이 행복, 건강, 수명에 연관성이 있다고 했다. 주관적 행복도가 높은 사람들은 이타적 행동을 하는 비율도 높다. 또한 이타성을 가진 사람들은 뇌부터 다르다. 펜실베니아 대학과 조지타운대학의 공동 연구팀은 낯선 사람에게 신장을 기증한 경험과 이타성을 가진 대상자들로 연구를 진행했다(심리과학, Psychological Science, 2018.8.21.). 연구 결과 이타성을 가진 대상들은 자신이 직접 고통을 경험할 때와 낯선 사람의 고통을 관찰할 때, 활성화되는 신경계 부위가 상당 부분 겹친다는 것을 발견했다. 이타성이 높으면 타인의 고통을 보는 것만으로도 뇌가 반응하고 행동화한다.

러시아의 문학 작가 톨스토이*Lev Nikolayevich Tolstoy*는 "사람은 누구 할 것 없이 자신만의 짐을 지니고 살아가지만 다른 사람의 도움을 받지 않고는 살아갈 수 없다. 따라서 우리는 위로와 충고로 다른 사람을 도와주어야 한다."라고 말한다. 인간은 서로 의존하며 살게 마련이다. 타인과의 협력은 인간이 살아남을 수 있는 아주 중요한 요소이다. 적절한 이타성을 가지고 살아갈 때 자신의 행복이나 만족감이 커지는 경험을 할 수 있다. 행복하게 살면서 장수하고 싶다면 타인에게 친절해야 한다.

- 이타주의(Alttuism)

이타주의 방어기제를 자주 사용할 경우, 타인에게 건설적인 봉사를 통해 개인적인 만족감을 얻으며 타인을 돕거나 희생적이고 이타적인 행동을 통해 대리적인 충족감을 느낀다.

체크 박스

1. 어려운 사람을 돕는 것이 나의 기쁨 가운데 하나이다.

그렇지 않다. □ 가끔 그렇다. □ 자주그렇다. □

2. 연말에 불우이웃 돕기에 참가하곤 한다.

그렇지 않다. □ 가끔 그렇다. □ 자주그렇다. □

3. 나는 남의 문제를 해결하는데 시간을 아끼지 않는다.

그렇지 않다. □ 가끔 그렇다. □ 자주그렇다. □

4. 내 친구에게 어려운 문제가 생기면 어떻게든 도와주려고 애쓰는 편이다.

그렇지 않다. □ 가끔 그렇다. □ 자주그렇다. □

5. 만약 미아를 발견한다면 적극적으려 부모를 찾아주려고 노력하겠다.

그렇지 않다. □ 가끔 그렇다. □ 자주그렇다. □

● 그렇지 않다. 1점 / 가끔 그렇다. 2점 / 자주 그렇다. 3점

15점 만점에 7.5점 이상이면 이타주의 방어기제를 사용하고 있는 것으로 본다.

<출처: (이화방어기제 검사, 김재근, 이근후, 김정규, 박영숙, 1991) 10문항 중 5문항 선별사용한 논문: 청소년의 스트레스와 방어기제와의 연구에서 발췌 >

탕약에 감초
: 유머(Humor)

M 씨는 어릴 때부터 음악을 좋아했다. 어머니는 레크레이션 강사로 주로 초등학교에서 놀이 활동 방과 후 교사로 활동 중이다. 아버지도 성격이 꽤 좋은 편이다. 부모의 영향이 컸을까. M 씨는 어릴 때부터 긍정적이고 유쾌했다. 악기는 다루지 못하는 게 없을 정도였다. 물론 독학으로 말이다. 절대음감이라고 하나. 공대를 나오고 좋은 회사에 취직했고 특별히 그의 인생에는 좌절감이 별로 없었다. 부모를 내가 선택해서 태어날 수는 없다. 상담하다 보면 부모에 대한 분노 때문에 괴로워하는 경우를 자주 본다. 어떻게 보면 좋은 부모를 만난 것도 M 씨의 성격 형성에 도움을 주었으니 일조는 했을 것이다. 가정에서도 직장에서도 함께 있으면 즐거운 사람이다.

M 씨는 '유머*Humor*' 방어기제를 사용하고 있다. 유머는 성숙한 방어

기제로 자신 혹은 타인이 불쾌하지 않도록 자신의 감정이나 욕구를 즐겁게 표현한다. M 씨는 친구들을 만날 때도 늘 유쾌했고 불편한 대화도 재치 있는 농담으로 상황을 전환하는 능력이 뛰어났다. M 씨 주변에는 친구들이 항상 많았고 긍정의 아이콘이라고 불릴 정도로 대인관계도 좋았다.

유머는 풍자와 아이러니를 이용하여 건강하게 풀어내는 기제다

가끔 사람들과 대화하다가 어색한 정적이 흐른 적이 있었을 것이다. 누군가가 재미있는 위트와 농담으로 그 상황을 화기애애하게 만든다면 불편했던 감정들이 누그러든다. 유머라는 의사소통 기술을 이용한 것이다. 농담이라는 것은 자칫 상대방을 불편하게 만들 수 있다. 그렇기에 사회적으로 용납될 수 있는 범위 내에서 발산하는 것이 중요하다. 유머 방어기제는 단조로운 삶에 있어서 즐거움을 준다. 또한 기분을 좋게 만들고 상징과 은유, 풍자를 통해 특정한 메시지를 전하기도 한다.

정신분석학자 지그문트 프로이트*Sigmund Freud*는 유머에 대해 "최고의 방어기제고 멋지고 고무적이다."라고 표현했다. 유머를 통해 서로 간의 친밀감이나 호감을 불러일으키기도 한다. 사회적으로는 원만한 대인관계를 유지하기에 필요한 도구기도 하다. 대부분이 유머러스한 사람을 좋아하기 때문이다. 유머 방어기제를 사용함으로써 무거운 상황을 가볍게 만들기도 한다. 상황이 더 심각해지지 않게 적절한 수위를 조절해준다.

소설가 커트 보니것*Kurt Vonnegut*은 "유머는 인생이 얼마나 끔찍한지를 한발 물러서서 안전하게 바라보는 방법"이라고 말했다. 그는 자신의 저서 〈나라 없는 사람〉에서 "유머는 아스피린처럼 아픔을 달래준다. 앞으로 백 년 후에도 사람들이 계속 웃어준다면 아주 기쁠 것 같다."라고 표현했다. 유머는 사람을 살게 하는 이유가 되고 삶을 지키는 안전장치다. 〈참을 수 없는 존재의 가벼움〉의 작가 밀란 쿤데라 역시 "유머는 현대 정신의 가장 위대한 발명이다. 그리고 건드리는 모든 것을 모호하게 만들어 버린다."라고 말했다. 유머는 특별한 힘이 있다. M 씨는 주변에 친구들과의 원만한 대인관계로 삶을 풍족하게 만들었다.

위기의 상황들은 유머를 통해 부드럽게 넘어간다

갈등 상황에서 유머를 사용하면 상대의 웃음을 유발하기도 한다. 이때 심리적 갈등이나 부담을 줄일 수 있다. 불쾌한 감정이나 공격성을 유머로 순화시키는 것이다. 삶의 무게가 짓누르고 힘들 때, 코미디 프로그램을 가까이하는 것도 하나의 방법이다. 한때 웃음 치료가 유행했던 적이 있었다. 웃겨서 웃는 것이 아니라 억지로라도 웃는 것이다. 뇌는 진짜 감정과 가짜 감정을 구분하지 못한다. 웃다 보면 우리 몸에 'NK세포(*natural killer cell*, 자연살생세포)'가 더 많이 생겨난다고 한다. 이 면역세포는 바이러스나 암세포를 공격해서 병을 낫게 하는 도움을 준다는 것이다.

정신과 의사인 빅터 프랭클*Viktor Frankl*의 저서 〈죽음의 수용소에서〉를 보면 유대인들이 가장 많이 사용했던 방어기제가 유머다. 2차 세계대전 당시 나치 강제 수용소에서 참혹한 고통을 경험하면서도 유머를 즐겼다고 한다. 아우슈비츠는 죽음의 수용소라고 불릴 만큼이나 악명 높고 한번 들어가면 살아남기 힘든 곳이다. 그런 곳에서 살아남은 사람들. 유머는 살아남을 이유에 대해 찾고 덜 고통스럽기 위해 노력한다. 인간은 어떤 상황에서도 자유롭게 생각을 선택할 능력을 지녔다. 내가 이 상황을 어떻게 선택하느냐에 따라 고통에도 의미를 부여할 수 있다. 육체적인 고통보다 오히려 극한 공포와 불안이 더 죽음으로 내몰 수 있다.

유머는 타고나는 것이 아니다. 코미디언을 보자. 그들이 타인을 웃기기 위해 아무것도 하지 않는가?. 끊임없이 노력하고 공부하고 연구한다. 고통 속에서 웃음을 만들어 낼 수 있다는 것이 유머가 가지는 능력이다. 재치 안에 담고자 하는 메시지가 있어야 한다. '아하' 하고 공감하면서 상대방이 웃을 수 있어야 유머가 제대로 성공한 것이다.

화가 파블로 피카소*Pablo Picasso*의 일화가 있다. 뉴욕의 한 레스토랑 안에서 식사하고 있던 피카소에게 어떤 여인이 다가왔다. 그에게 당신의 팬이니 그림을 그려달라며 종이를 건네고는 비용은 얼마든지 내겠다고 말했다. 피카소는 미소와 함께 짧은 시간 동안 그림을 그려 주고 1만 달러를 불렀다. 그림값에 놀란 여성은 그림을 그리는 데 겨우 5분밖에 걸리지 않았는데 가격이 비싸다는 눈치를 보이자. 피카소는 "내가 당신을 그리는 시간은 50년 5분입니다."라고 말했다고 한다. 재치 있는 말

안에는 메시지가 있다. 피카소가 화가로 성공하기까지 50년이라는 세월이 있었고 노력이 있었을 것이다.

진정한 유머는 타인에 대한 빈정거림이나 불쾌함을 일으키지 않는다

캠핑 중에 갑자기 비가 와서 음식을 해 먹을 수 없는 상황이 되었다. 이 상황을 짜증을 내는 것이 아니라. '비까지 오니 운치 있고 좋네.'라고 말할 수 있는 것이 유머다. 유머를 자주 사용하면 건강하다. 부정을 긍정적으로 바꿔주고 기분 좋게 만들어주기 때문이다. M 씨는 친구들과 캠핑가는 것을 좋아한다. 특히 힘들 때는 자연을 벗 삼아 혼자 1박을 하고 온다고 했다. 어떤 상황이든 유머러스하게 넘기는 M 씨는 스트레스 상황에 잘 대처한다. 진정한 유머는 금지되고 억압된 것을 수용할 수 있도록 돕는다. 상대방과 신뢰로운 관계 안에서 따뜻하게 감동시키며 웃음을 주려는 마음이 중요하다.

앞서 유머는 타고나는 것이 아니라고 했다. 유머를 공부해야 하는 이유는 삶을 다른 시각으로 바라볼 수 있도록 돕기 때문이다. 유머를 통해 전혀 생각하지 못했던 길을 찾기도 한다. 참신한 표현을 연습해보는 것도 좋다. '언어유희' 혹은 '언어의 연금술사'라는 말을 들어보았을 것이다. 주변에 말을 참 재미있게 하는 사람들이 있다. 방송인 중에 지상렬 씨 말을 듣다 보면 유쾌해진다. 같은 말은 자기만의 유머로 재치 있게 말한다. "네가 왜 남의 인생에 깜빡이를 켜고 들어와." 누가 말을 가로막거나 말대꾸할 때 쓰면 웃음이 절로 난다.

철학자 프리드리히 빌헬름 니체*Friedrich Wilhelm Nietzsche*는 인간은 웃음, 농담, 유머 등을 통해 고통을 이겨낸다고 했다. 억압으로부터 해방을 맛볼 수 있는 것이 유머다. 우리 삶이 늘 즐겁지만은 않다. 그렇다고 늘 고통 속에만 있는 것도 아니다. 같은 상황에서도 어떻게 받아들이냐에 따라 삶은 달라진다. 성숙한 방어기제인 유머의 사용은 삶의 질을 높이고 일상을 윤택하게 만든다. 19세기 영국의 작가 에드워드 불워 리턴*Edward Bulwer Lytton*은 '유머는 마음의 햇살'이라고 했다. 유머 방어기제를 만들어 마음의 햇살 한가득 식 품어보자.

- 유머(Humor)

유머 방어기제를 자주 사용할 경우, 타인에게 불쾌한 자극을 주지 않고 개인에게도 마찬가지며 직면하기 고통스러운 문제를 유쾌한 방법으로 견디는 힘을 얻는다. 자아 강도가 높을 수 있다.

체크 박스

1. 일이 잘 안되더라도 웃음으로 여유를 찾는다.

그렇지 않다. □ 가끔 그렇다. □ 자주그렇다. □

2. 불안한 일이 있을 때 농담으로 넘어가려 한다.

그렇지 않다. □ 가끔 그렇다. □ 자주그렇다. □

3. 나는 항상 농담을 잘 하는 편이다.

그렇지 않다. □ 가끔 그렇다. □ 자주그렇다. □

4. 미운 사람이 있을 때 유머로 재치 있게 꼬아 주기도 한다.

그렇지 않다. □ 가끔 그렇다. □ 자주그렇다. □

5. 바보 같은 나의 실수를 얘기하면서 다른 사람들과 함께 웃어넘길수 있다.

그렇지 않다. □ 가끔 그렇다. □ 자주그렇다. □

● 그렇지 않다. 1점 / 가끔 그렇다. 2점 / 자주 그렇다. 3점

15점 만점에 7.5점 이상이면 유머 방어기제를 사용하고 있는 것으로 본다.

<출처: (이화방어기제 검사, 김재근, 이근후, 김정규, 박영숙, 1991) 10문항 중 5문항 선별사용한 논문: 청소년의 스트레스와 방어기제와의 연구에서 발췌 >

5장

기타 방어기제

고기는 씹어야 맛이요, 말은 해야 맛이라: 억압

아는 것으로 풀기: 주지화

작은 고추가 맵다: 보상

자신의 밧줄로 자신을 묶는다: 자기에게로의 전향

병 주고 약 주고: 취소

고기는 씹어야 맛이요, 말은 해야 맛이라

:억압(Repression)

Y 씨는 20대 중반이다. 그녀는 직장인이다. 고등학교 졸업 후 바로 취업했다. 현재 아동, 보육 등 사회복지 관련 일에 관심이 평소에 많았던 터라 야간대학을 다니며 공부 중이다. 늘 밝은 모습만을 보이려고 해서 주변에 사람들과도 관계가 좋았다. 가정에서는 어머니, 동생과 갈등이 있었지만 회피했었다. 학교에서 공부 중 우울감을 느꼈다고 한다. 그녀의 부모는 초등학교 5학년 때 이혼했는데 아버지의 폭력이 문제였다. 어머니의 방임과 스스로 가장으로서 역할 등 분노 감정 또한 무의식 속으로 포장해 버렸다. 그녀는 '가면성 우울*Masked Depression*'로 자신의 감정과 반대되는 행동이 습관화되어있었다. '스마일 마스크 증후군*Smile mask syndrome*'이라고도 불린다. Y 씨는 타인에게 좋은 인상을 보이기 위해 늘 밝은 척을 했다. 어머니에게도 동생에게도 밝은 모습만을 보

이려고 했다.

자신의 충동이나 욕구를 무의식적으로 누르는 것을 '억압'이라고 한다. 우리 속담에 '고기는 씹어야 맛이요, 말은 해야 맛이라'라는 말이 있다. 마음속으로 참지 말고 할 말은 속 시원히 하라는 말이다. Y 씨는 '억압 *Repression*' 방어기제를 사용하고 있다. 억압은 참는 것에 익숙하다. 하지만 그녀가 느끼는 다양한 감정들은 고통스러웠다. 어릴 때부터 어머니가 심어준 죄책감이 그녀의 발목을 잡고 있었다. Y 씨는 가족들과 잘 지내고 싶었다.

억압은 의식에서 용납되기 어려운 욕망, 충동 등을 무의식적으로 억압하는 것이다

개인의 장기 기억 속에 이미 저장되었던 정보를 잃어버리는 현상을 망각*Forgetting*이라고 한다. 망각에는 '자연적인 망각*Forgetting*'과 '동기적 망각*Motivated forgetting*', '선택적 망각*Selective forgetting*'이 있다. 자연적 망각은 새로운 정보의 간섭으로 인해 오래된 기억을 잃어버리는 것이다. 선택적 망각은 기억하고 싶은 것만 기억하려는 것이다. 반면, 동기적 망각의 대표 유형으로 '의도적 망각*Intentional forgetting*'이 있는데 '지시적 망각*directed forgetting*'이라고도 불린다. 개인에게 고통스럽거나 위협적인 기억을 의도적으로 잊어버린다. 억압 방어기제는 '동기적 망각'에 속한다. 과거 끔찍했던 기억을 전혀 하지 못한다. 어릴 때 성폭력을 당한 여성이 아예 기억하지 못하고 있다가 비슷한 상황에서 갑자기 '플래시백 *Flashback*' 되기도 한다.

억압 방어기제는 언제 자주 발생할까?. 사회적 기대와 규범에서 특정한 상황에서 특정한 행동을 할 때 압박을 받을 수 있다. '사회적 압박 *Social Pressure*'은 사회가 원하는 이미지를 위해 자신의 감정을 억압한다. 예를 들어, 남성이 강인함을 추구하는 집단 속에 있다면 감정을 숨겨야 하는 사회적인 압박을 가할 수 있다. 억압 방어기제를 사용하면 어떤 상황에서 문제가 발생하면 불편감을 느끼는데 이유를 모른다. 사건으로 인해 발생 된 감정된 감정은 의식 속에 남아있지만 스스로 인지하지 못해 행동에 계속 영향을 준다. Y 씨가 타인의 눈치를 보는 것처럼 말이다. 억압이 많을수록 편견이나 선입견에 빠지기도 한다. '연극성 성격장애*Histrionic personality disorder, HPD*'를 지니는 경우 억압 방어기제를 과도하게 사용하기도 한다. 연극성 성격은 자신의 솔직한 감정을 들여다보는 것이 어렵기 때문이다. 어떤 식으로든 감정을 경험하지 않으려고 노력한다.

이솝우화 〈북풍과 태양〉 이야기를 들어본 적이 있을 것이다. 우리나라에서는 〈해와 바람〉 동화로 더 익숙하다. 나그네의 옷을 벗기기 위해 태양과 바람이 싸우는 장면으로 기억하고 있을 수도 있다. 북풍과 태양은 서로 내기를 해서 나그네 옷을 벗기기로 한다. 결과는 어떻게 되었을까. 태양이 이겼다. 북풍은 바람을 세차게 몰아쳐 옷을 벗기려고 했지만 실패했다. 나그네는 추워서 옷을 더 여민다. 태양은 뜨거운 햇살을 내리

쬐어 나그네의 옷을 벗긴다. 억지로 보내는 자극은 오히려 역효과를 낸다. 억압은 그렇다. 내가 억지로 옷을 벗기려고 하면 더욱더 무의식 속으로 숨는다. 태양이 서서히 나그네의 옷을 벗긴 것처럼 억압에서 벗어나려면 순차적으로 감정을 인식하는 작업이 필요하다.

억압은 다양한 심리 방어기제 중에서도 가장 기본적이다

억압은 여러 심리 방어기제 중에서 가장 기본적이다. 억압의 사용은 잠시나마 우리가 느끼는 고통이나 불안에서 벗어나게 해준다. 어떤 사람과 억지로 약속하고 잊어버린 적이 있는가? 평소 알던 사람이었지만 이름이 기억나지 않는다든지. 지키기 싫은 약속이나 이름을 잊어버리는 것도 억압 방어기제의 한 형태다. 무의식적으로 부정적 감정을 가지면 자신도 모르게 잊는다. 억압을 통해 자아는 위협적인 충동이나 감정, 기억 등이 의식되는 것을 막을 수 있는 이득을 경험한다. 죄의식이나 수치심 같은 감정은 자존심을 상하게 하고 때로는 고통스러울 수 있으며 불안을 만든다. 이때 동원되는 것이 억압이다.

정신분석학자 지그문트 프로이트*Sigmund Freud*는 억압 방어기제에 대해 '전체적 구조가 의존하는 주춧돌'이라고 표현했다. 그만큼 가장 중요하게 다루는 방어기제다. 억압이 모든 신경증의 원인이 되기에 내가 무엇을 억압하고 있는지 이해하는 것이 매우 중요하다. 억누르고 있다는 것은 산 채로 매장한다는 것을 의미한다고 했다. 무의식에서 억압되었던 것들이 의식화되어 나온다는 것은 마음이 움직인다는 뜻이다. Y 씨는 감정을 억압하며 가면을 쓰고 살았다는 걸 몰랐기에 그냥 괜찮다고만 생각했다. 그녀의 마음속에는 의식화되지 못한 감정들이 많았다. 감정을 어릴 때부터 적절하게 표현하고 소통하지 못했기 때문이다. 어린 시절 그녀는 어머니의 눈치를 봐야 했고 자신의 욕구를 숨기고 동생을 돌봐야 했다. 힘들었던 Y 씨는 어머니에게 자신의 마음을 표현했는데 부정적인 피드백과 이기적이라는 말을 들었었다.

프랑스의 소설가 앙투안 드 생텍쥐페리의 책 〈어린 왕자〉에 '길들여짐'에 대한 이야기가 나온다. 우리는 살아가면서 감정적 관계를 맺는데 이를 '길들인다*Tame*'로 표현했다. 어린 왕자는 7번째 여행에서 여우를 만난다. 여우는 어린 왕자에게 우정과 유대감을 형성하는 방법을 가르쳐주며 서로 길들여간다. "Tame means to establish emotional ties (길들이다는 관계를 맺는다는 뜻이야)" 여우의 대사다. 감정적 관계를 위해서는 자신의 감정을 잘 인식하고 길들여야 한다. 회피나 억압에서 벗어나 감정과 친밀함을 맺는 것이다. 그래야 타인과도 잘 지낼 수 있다.

우리가 꾸는 꿈은 잠재의식 속에 있던 경험들이 재생되는 것이다

억압은 꿈의 형태로 나타나기도 한다. 프로이트의 저서 〈꿈의 해석〉 중 한 사례를 보면, 어느 여성이 몸이 아파 병원에 갔지만 아무 문제가 없었다. 프로이트는 이 환자를 만나 자신이 꾼 꿈 이야기를 듣는다. "조카의 장례식인데 자신은 울지 않았다. 눈물도 안 나왔고 약간 기쁜 느낌이 들었다." 그녀는 꿈에서 깨어난 뒤 기분이 안 좋았다고 말했다. 조카가 죽었는데 슬픔보다는 쾌감을 느꼈다는 것이다. 프로이트는 전체적인 이야기 속에서 실마리를 찾고 꿈을 분석한다. 알고 보니 그녀는 언니의 형부와 부적절한 관계였다. 언니가 그 사실을 눈치채 관계를 정리했는데 얼마 지나지 않아 병으로 사망했다.

프로이트는 그녀의 무의식적 억압이 꿈으로 나타난 것이라고 했다. 언니가 죽으면 형부와 다시 만날 수 있어서 울지 않았던 거다. 조카의 모습으로 나타난 부분은 그녀의 의식이 언니를 등장시키는 것을 허락하지 않았기 때문이다. 일말의 죄책감이다. 프로이트는 꿈 자료가 최근과 과거의 경험, 무의식적 욕망, 억압된 감정 등 다양한 출처에서 나온다고 했다.

오늘 누군가로 인해 기분이 나빴는데 말을 하지 못하고 감정을 억압했다고 하자. 그것이 꿈에 나타날 수도 있다는 말이다. 기분 나쁜 대상이 직접 등장할 수도 있지만 다른 모습으로 나타날 수 있다. 꿈속에서는 현실에서 하지 못한 말을 시원하게 내뱉을 수도 있다. Y 씨는 감정을 인식하는 과정을 통해 그동안의 자신을 바라보았다. 이제는 가면을 쓰고 살고 싶지 않다고 했다. 자신이 만든 틀에서 나오는 일은 쉽지 않았다. 하지만 한번 틀이 깨지는 순간 새로운 세상이 있다는 것을 그녀도 느꼈을 것이다.

아는 것으로 풀기
:주지화(Intellectualuzation)

B 씨는 어릴 때 부모가 이혼했다. 언니와 아버지와 함께 생활하다 2년 전부터 혼자 독립했다. 현재 30대 초반인 그녀는 언니와 다툼이 있어 집을 나왔다. 의견 차이가 좁혀지지 않았고 늘 통제적이고 완벽한 언니의 눈치를 봐야 했다. 회사에서 힘든 일이 있어도 감정을 표현하면 곧바로 갈등이 생겼다. 동생인 B 씨가 조금만 힘든 표정을 지어도 언니는 짜증을 냈다. B 씨는 언니가 왜 짜증을 내는지 생각했고 원인과 이유를 찾으려고 했다. 자신의 감정을 제대로 돌아보지 못하다 마음의 병이 생겼다. 그녀는 살기 위해 독립을 선택했다. 언니와 관계는 소원해졌고 이 모든 게 자신의 책임인 것 같아 괴롭다.

B 씨는 '주지화*Intellectualuzation*' 방어기제를 사용하고 있다. 지성화 혹은 지식화라고도 부르는데 주지화는 불편하거나 적절하지 못한 감

정을 최소화하고 싶어 한다. 그러다 보니 문제를 추상적으로 생각함으로써 감정적으로 일어나는 갈등이나 스트레스를 없애고 싶다. 불편한 감정을 분리해서 이성적으로 분석하고 해석한다. B 씨는 감정을 배제한 사람처럼 보였다.

이성에만 집중하고 감정을 마주하지 못한다는 맹점이 있다

감정을 파악하고 분석하는 것은 크게 문제 되지는 않는다. 다만, 이성에만 너무 치우치다 보니 자신이 느끼는 진실한 감정을 보지 못한다는 점이다. 감정을 이성적으로만 분석하기에 직접 느끼지 못하고 외부에서만 바라보기 때문에 감정인식이 어렵다. 감정과 이성의 축으로 이루어진 인간의 정신은 이성적인 사고만 가지고는 안된다. 주지화는 감정적으로 위협적인 상황에 대해 자신을 보호하기 위해 최대한 이성적인 사고에 집중한다. 앞에서 쭉 이야기한 것처럼 방어기제는 적절하게 사용되면 문제 될 것이 없다.

주지화 역시 마찬가지다. 이성에만 치우치면 표현되지 못한 감정들이 무의식에 가라앉는다. 그렇게 익숙해진 주지화는 아무리 감정을 느끼려 해도 어렵게 된다. 과도하게 분석적으로 접근하여 감정은 배제된 체 객관적으로 분리한다. '과도한 객관화'라고 볼 수 있다. 꽤 이성적이고 합리적인 사람으로 보일 수 있으나 인간은 어느 정도의 감정교류가 필요하다. B 씨는 늘 어떤 부분이 잘못되었는지 생각했다. 반추하고 행동에 대해 잘못된 점을 찾으려 애썼다.

주변에서 이론은 능숙한데 실전은 부족한 사람을 본 적 있는가. 자칭 연애 고수라고 하지만 실상은 알고 보니 책으로만 전문가였던 경우 말이다. 주지화 방어기제다. 이들은 감정적인 소통과 교감은 서툴다. 이론과 실제는 당연히 다르다. 연애는 감정과 경험을 통해 나올 수 있기 때문이다. 2021년에 개봉한 영화 〈건축학개론〉에는 경험이 많은 척하는 납뜩이가 친구 승민이에게 키스 비법을 전수하는 모습이 떠오른다.

가끔 이런 친구들을 보기도 한다. 사춘기 시절 종교나 철학에 너무 심취에 또래 관계가 어려운 경우다. 또래 친구들이 너무 유치해 대화할 수 없다며 혼자서 사색하거나 아예 어울리지 않기도 한다.

이성적 사고로 전환하여 불안을 회피하려고 한다

주지화를 지나치게 사용하게 되면 이성적 논리에만 몰두하게 된다. 이성적 논리에 몰두는 자신의 감정이나 욕구를 솔직하게 표현하는 것을 방해한다. 감정을 제대로 느끼고 해소하는 과정이 필요하나 방법을 모르니 당연히 마음의 병이 쌓일 수밖에 없다. 감정을 느낄 틈을 허락하지 않는다. 사실 사회적으로 허용되는 범위 내에서는 자신의 감정을 마음껏 표현하고 인정해도 되는데 어렵다. 슬픔이나 불안을 마주하는 것이 두려운 나머지 표면적인 것에 집착하는 행동이다.

B 씨의 유년 시절은 불안정했다. 어린 시절 어머니가 집을 나갔고 다

소 폭력적인 아버지 밑에서 언니와 함께 시간을 보냈다. 언니는 매우 예민했고 감정적이었다. B 씨는 늘 언니의 눈치를 봐야했지만 언니는 또 다른 자신의 보호자였다. 주지화는 일시적으로 스트레스나 불편한 감정을 완화하는 순기능은 있다. 병에 걸렸을 때 감정적으로 좌절만 하는 것이 아니다. 병에 대한 지식과 정보를 습득하는 것이다. 공부를 통해 두려움을 극복하기도 한다. B 씨는 굉장히 불안정했고 원인을 찾고 상담을 통해 심리적 안정감을 찾으려 했다. 불편한 감정이라는 것은 사라지는 것이 아니다. 단지 무의식 저편으로 밀려나 소외된 것뿐이다.

어떤 사람과 이야기하면서 감정과 어울리지 않게 말한다는 느낌을 받은 적이 있었을 것이다. 예전에 만난 A 양은 100만 원에 아빠가 장애인에게 자신을 팔아넘겼다고 했다. 그래서 3개월 동안 성노예로 살다가 도망쳤다고 이야기했다. 아이는 고작 15살이었다. 아무렇지도 않게 그때 상황을 설명하는데, 장애인 남성이 자신을 여러 번 때렸고 도망가다 잡혀 심하게 맞았었다. 참 마음이 아파서 울었지만 아이는 오히려 우는 선생님을 달랬었다. 슬픔과 고통이라는 감정에 중심을 둔 나와는 달리 아이는 아빠가 왜 자신을 돈을 받고 팔았는지 궁금했다. 어쩌면 아이는 장애인이 말했던 얘기를 믿고 싶지 않았을 수도 있다.

어떻게 보면 주지화는 지식인들이 가장 많이 쓰는 방어기제인지도 모른다. 자신이 가진 전문성을 보이기 위해 온갖 전문용어를 사용해야 한다고 생각하는 것 같다. 병원에 갔을 때 제일 고맙게 느낀 것은 쉽게 풀어서 설명해주는 의사다. 우리는 의사가 아니기에 의학 용어로 설명하면 어렵게 느껴진다. 마찬가지로 상담 오는 분들에게 쉬운 용어로 상담과 코치가 필요하다. 그들은 전문가가 아니기 때문이다.

역설적으로 내면에서는 감정적인 문제가 생기게 된다

억압된 감정은 어떤 식으로 밖으로 드러나려고 한다. 역설적으로 이성적인 사람들이 오히려 내면적으로는 감정에 자주 휘둘릴 수도 있다. 그래서 가까운 대상에게 감정적으로 표출되기도 한다. 과도한 주지화 사용은 정신적으로 아직 유아기 상태에 고착되어있어 미성숙하다. 심한경우는 감정조절 장애, 우울증, 불안장애 등 심리적 문제로 이어진다. 마음의 소리를 침묵시킴으로써 감정을 외면하는 것이다.

불교 우화 중 〈독화살을 맞은 남자〉 이야기가 있다. 숲에서 누군가가 쏜 독화살에 맞은 한 남자는 목숨이 위태롭다. 보통 독화살을 맞으면 서둘러 치료받을 생각을 해야 하는 것이 맞다. 이 남자는 누가 자신을 쏘았는지 무슨 이유로 그랬는지 알아내는 궁리만 하고 있다는 내용이다. 죽음이 코앞인데 부질없는 생각에 사로잡혀 시간을 허비하고 있다. 이성적인 사고에 집중한 나머지 자신의 몸이 죽어가는지 모르고 있다.

주지화 방어기제의 경우 자신이 겪었던 불쾌한 기억에 대해 매우 담담하고 냉정하게 이야기한다. 앞서 말한 B 씨도 스스로에 논리적으로 이유를 대고 설명하면서 납득시키려는 행동이 많았다. 사실상 슬프고 두려운 감정을 억누르는 것이다. 생각만 하고 감정적 문제를 이성적으로 설명하면서 그 감정에서 벗어나려는 것이다. 주지화 방어기제를 많이 사용하면 기계적인 느낌을 받게 된다. 감정이 없는 사람처럼 느껴지기 때문이다. B 씨는 자기탓으로 돌리는 자기에게로 전향 방어기제도 사용하고 있었다. 우선 그녀의 죄책감을 내려놓고 감정을 들여다 볼 수 있는 시간을 갖기로 했다.

작은 고추가 맵다
:보상(Compensation)

N 씨는 20대 후반 여성으로 대학원생이다. 어릴 때부터 자신의 외모에 자신감이 없었다. 자주 위축되었고 그때마다 공부를 열심히 해야 한다고 생각했다. 고등학교를 졸업할 때쯤 그녀는 좋은 기회로 외국으로 가게 되었다. 간호학을 공부하면서 관련 대학에 입학했다. 여전히 외모에 대한 자신감은 부족했고 공부에 열중했다. 장학금을 한 번도 놓치지 않았고 시간을 쪼개서 공부했다. 지금 주변 친구들이 인정해 주기 시작했고 남자친구도 생겼다. 학교에서도 항상 열심히 하자 교수님이 간호사로서 실습의 기회를 제일 먼저 받기도 했다. 그녀는 공부에 자신감이 붙자 외모에 대한 위축감이 조금씩 줄어들었다.

N 씨는 '보상*Compensation*' 방어기제를 사용하고 있다. 우리 속담에 '작은 고추가 맵다'라는 말이 있다. 겉으로 보기에는 볼품없어 보이지만

재주가 좋고 뛰어나다는 의미다. 보상은 내가 일정량의 행동을 취했을 때 그에 부합되는 대가를 받고 싶어 하는 마음이다. 심리학에서는 정신적으로 억압된 욕구를 다른 형태로 보상받으려는 경향을 말한다. 보상을 받기 위해 그만큼 열심히 노력한다.

보상 방어기제는 약점을 보충하기 위해 취하는 노력이다

결핍이나 고통을 겪고 나면 그것에 대한 보상을 요구하게 되는데, 자기 보상 같은 경우는 자기계발, 좋아하는 물건을 구입하거나 여행하기, 맛있는 음식을 먹는 행위로 보상받기도 한다. 보상은 동기부여를 유도하기도 한다. 어려운 일에 도전이나 목표를 달성할 수 있도록 촉진 시킨다. 어려운 상황에 직면했을 때 자기 자신에게 긍정적인 자기 포용과 스트레스 완화에도 도움을 준다. 성취나 노력에 대한 소소한 선물이나 즐거운 경험의 보상을 통해 자아존중감을 높이는데도 기여할 수 있다.

심리학자 알프레드 아들러*Alfred Adler*는 '열등 콤플렉스*Inferiority complex*'에 대해 말한다. 주관적으로 인식된 열등감의 행동상 표현을 말하며 보상은 열등 콤플렉스를 이겨내고 미래를 개척하는 원동력이 된다. 앞서 말한 N 씨처럼 외모에 자신감이 부족하다고 느끼면 공부나 직업을 통해 성취감을 경험하는 것이다. 학벌이 낮은 사람이 더 성실하게 일을 하는 것, 전문역량을 키우기 위해 야간에도 공부를 게을리하지 않고 성장해 가는 등의 행동도 보상으로 볼 수 있다. 약점에 좌절하고 실망하고 있는 것이 아니라 보완하기 위해 긍정적인 부분을 강화하고 노력한다.

이솝우화 중 〈토끼와 거북이〉 이야기도 보상 방어기제와 관계가 있다. 누가 봐도 토끼와 거북이의 경주는 뻔한 게임이었다. 하지만 의외로 거북이가 이기는 반전이 있었다. 현실에는 가능하지 않겠지만 말이다. 어째서 그런 결과가 나왔을까. 거북이는 자신의 한계를 인정하는 대신 도중에 포기하지 않는 끈기가 있었다. 거북이의 보상은 묵묵히 나아가는 집념으로 자신의 느린 열등감을 극복했다. 반면, 토끼는 자신이 빠르다는 것만 믿고 자만심에 빠져 안일한 태도가 패배의 원인이었다.

보상에는 자신이 특별한 사람이 될 수 있다는 믿음도 필요하다

우리가 익히 알고 있는 독일 작곡가 루트비히 판 베토벤*Ludwig van Beethoven*의 실화는 유명하다. 26살에 난청이 심각하다는 것을 알고 자살을 결심하기도 했지만 결국 듣지 못하는 상황에서 훌륭한 곡들을 작곡했다. 베토벤의 할아버지는 궁정의 악장을 지냈고 아버지는 궁정 가수였지만 알코올 중독자였다. 그는 어릴 때 학교를 그만두고 가방끈이 짧다는 열등감이 있었다. 하지만 시간 날 때마다 책을 읽으며 지식을 쌓았다. 학교는 가지 못했지만 좌절하기보다는 다독多讀을 통해 보상하려 했다. 19살에 대학에 갈 기회가 생기면서 철학과 고전 문학을 탐독하게 되었다. 〈플루타르코스 영웅전〉에 나오는 고대 영웅들을 보며 자신도 특별한 사람이 될 수 있다고 믿었다. 그 믿음으로 오늘날의 베토벤이라는 이름을 우리가 기억하게 된 것이 아닐까.

우리의 뇌에는 보상 행동을 담당하는 '보상회로*reward pathway*'가 존재한다. 맛있는 것을 먹거나 좋은 사람들을 만나는 등의 자연 보상은 즐거움을 느끼게 한다. 성취감을 얻고 생존에 필요한 감정들은 보상 효과와 연결 지어 행동을 반복하도록 동기부여 시킨다. N 씨는 학교에서 장학금을 받으면서 교수님께 인정도 받았다. 인정이라는 보상을 받은 것이다. 외모에 늘 위축되어 있던 그녀가 실력으로 인정받은 것이 공부를 더 열심히 하는 동기부여가 되었다. 동기부여를 줄 수 있는 내적 보상을 적절히 사용하면 스스로 성취감을 느끼고 성장한다.

보상의 원동력이 되는 것 중에 하나가 열등감이다. 때로는 실제적일 수도 있지만 상상 속에서 그렇게 생각하는 것일 수도 있다. 자신이 못생겼다고 생각해서 위축되어 있지만 실제로는 그렇지 않을 수도 있는데 스스로 못생겼다고 느끼는 것이다. 외모가 예쁘지 않으니 다른 것을 더 열심히 해야 한다고 생각하는 것이다. 남들과 비교해서 말이다. 보상 방어기제를 잘 활용하면 인간은 자신의 콤플렉스를 극복하기 위해 열심히 살아갈 수도 있다.

보상이 가지고 있는 위험한 생각에 빠질 수도 있다

보상은 긍정적인 면과 부정적인 면을 동시에 지닌다. 자신의 콤플렉스 혹은 장애를 극복하는 경우 긍정적인 보상에 해당된다. 부모님이 일찍 돌아가신 경우, 부모님과 비슷한 연령대의 어르신을 보고 돌보고 싶은 마음도 긍정적인 면이다. 혹은 살아생전 불효자로서의 후회가 컸다면 더더욱 보상 방어기제가 작동할 수 있다.

부정적인 면은 다른 사람의 관심을 끌기 위한 반사회적 행동하는 경우다. 기원전 1700년경 함무라비 법전에는 '만일 사람이 평민의 눈을 상하게 했을 때는 그 사람의 눈도 상해져야 한다'는 내용이 적혀있다고 한다. 타인의 눈을 다치게 한 경우, 자기 눈도 똑같이 다치게 해야 한다는 말이다. '눈에는 눈, 이에는 이'라는 동해同害 복수법에 기초한 형벌법으로, 쉽게 말하면 받은 만큼 대 갚아 주려는 행위다.

위험한 사고는 피해의식과 결합 된 보상심리를 인지하지 못한다. '내가 너 때문에 이렇게 고통스러우니 너도 똑같이 고통스러워야 해!' 나만 아프면 억울하니깐 상대방도 고통스러워야 보상받은 것 같다고 느낀다. 이런 비정상적인 형태는 부정적인 감정과 연결되는 경우가 많아 위험의 강도가 높아진다. 극단적인 경우는 폭력적이거나 살인 행위로 이어지기도 하는데 보복 심리에 가깝다. 부정적인 심리는 악순환을 반복하기에 고리를 끊어야 한다.

나폴레옹은 작은 키에 대한 공격적인 보상심리로 수없이 전쟁을 치르고 황제의 자리까지 올라간다. 이러한 열등감은 강력한 동기부여가 되기도 하지만 반면 부정적인 결과를 초래하기도 한다. 말년에 나폴레옹은 비참한 결과를 맞이하며 생을 마감한다. 공격적인 보상은 많은 사람에게 상처를 주게 된다. 자신 스스로 치유 능력을 상실하고 외부에서 보상받으려는 행동은 속 빈 강정 같다. 긍정적인 보상일 경우 다른 건설적인 방법으로 얼마든지 해소할 수 있다.

부정적인 경우, 끊임없이 성장하려고 하지만 자신이 부당하다고 느끼는 사건에 대해 어떻게든 보상받으려는 본성이 있다. 꼬이고 뒤틀린 생각들을 행동으로 옮기고 정당화시킨다. 나쁜 보상을 통해 만족함을 느끼면 같은 행동을 반복한다. N 씨는 방학 때 상담센터에 잠시 들른 클라이언트다. 그녀는 외국 생활에서 고충이 있었지만 잘 헤쳐나가겠노라고 하였다.

자신의 밧줄로 자신을 묶는다
: 자기에게로의 전향(Turning against self)

M 군은 현재 고등학교 1학년이다. 엄마와 함께 거주 중이며 아버지가 다른 여자와 바람을 피우고 집을 나간 상태다. M 군의 어머니는 남편에 대한 분노가 상당했다. 10 남매 중 막내아들로 위로 시누이만 9명이다. 온갖 시집살이를 견디고 살았는데 배신감이 너무 컸다. 시어머니도 냉랭했다. 중요한 건 M 군의 어머니는 화풀이를 M 군에게 했다. M 군은 아버지의 외도에 적잖은 충격을 받았다. 스트레스로 인해 짜증이 나면 자신의 머리를 박거나 강박적으로 2~3시간씩 샤워를 하기 시작했다. 어머니와 대화도 예전보다 줄었다.

M 군은 '자기에게로 전향*Turning against self*' 방어기제를 사용하고 있다. 우리나라 속담에 '자신의 밧줄로 자신을 묶는다'라는 말이 있다.' M 군은 스스로 가두고 있었다. 학교에서도 크게 문제를 일으킨 적이 없던

아이였다고 한다. 아버지가 집을 나가고 한 달 후부터 아이가 학교 가기를 거부했고 방에서 나오지 않았다. 어머니가 소리를 지르고 화를 낼 때면 자신의 머리를 박는 행동이 많아졌다.

공격적인 충동이 다른 사람이 아닌 자신에게로 향한다

자기에게로 전향 방어기제는 공격대상이 본인 자신이다. 나를 화나게 하는 대상에게 직접적으로 행위를 할 수 없을 때 자신에게 행동하는 경우다. 자신에게 공격적으로 가장 많이 나타나는 것이 자해, 자살이다. 앞서 본 M 군처럼 어머니와 아버지에 대한 분노를 자신을 스스로 학대하는 행동으로 공격한다. 프로이트는 무의식에서 아버지를 증오했던 경우 만약 현실에서 아버지가 돌아가셨을 때 심한 우울감에 빠질 수 있다고 말한다. 현실에서 아버지를 향한 증오감이 자신에게 향했기 때문이라고 설명한다. 심할 경우 자살로 이어지기도 한다.

부모님이나 혹은 존경하는 대상에게 공격적인 언어나 행동을 하는 것을 용납할 수 없다.

자신에게 그 행위를 대신함으로써 화풀이를 한다. 건강하지 못한 방법임에도 불구하고 무의식적으로 행하고 있다. 부모와 갈등이 심한 아이가 머리카락을 뜯거나 자해하는 행동은 이 방어기제에 비롯된다. 이런 문제로 오는 아이들은 대부분 우울증이 있었다. 청소년의 경우 기본적으로 자해 경험, 자살사고가 있었다. M 군은 아버지와 관계가 좋지 않았다. 그렇지만 반항하고 대드는 아들은 아니었다고 한다.

타인에게 향했던 분노를 왜 자신에게 돌리는 것일까. 우리는 살면서 어쩌면 늘 평가받는 삶을 살고 있는지도 모른다. 어린 시절 학업, 취업, 직장에서 승진 등 부모 및 주변 사람들 기대에 부합하는 삶을 요구받는다. 하지만 원하는 삶을 이루지 못할 때 화가 나고 우울감을 느끼기도 한다. 자책하는 목소리는 자기비판과 내적 분노로 이어진다. 이는 자신의 가치를 충분히 인정하지 않는대서 비롯한다. 결국 자기 공격은 자존감이 매우 낮다는 말이다. 자존감이 낮으면 문제의 원인을 자신에게 돌리는 경향이 크다.

자기에게로 전향은 우울과 가장 관련이 깊은 방어기제다

너무도 유명한 화가가 있다. 바로 〈해바라기〉, 〈별이 빛나는 밤〉 등을 남긴 빈센트 반 고흐*Vincent Van Gogh*다. 고흐는 끝내 권총 자살로 생을 마감한 화가다. 고흐는 고갱과 말다툼 끝에 면도칼로 자신의 귀를 자른다. 고갱에게 화가 난 고흐는 자신의 귀를 자르는 행동을 통해 간접적으로 표출했다. 평소 정신병과 우울증을 앓고 있었던 고흐는 아버지와의 갈등으로 작은 말에도 쉽게 상처받는 성격이 되어갔다. 그렇게 억압된 감정과 분노를 자기에게로 돌려 스스로 파괴해 버렸는지도 모른다.

나를 화나게 하는 대상에게 할 분노를 자신에게 향할 때 우울증세로 이어진다. 화풀이 대상을 자신으로 선택한 것이다. R 양은 ‘비 자살적 자해'로 '손목을 베는 증상*cut wrist*'을 자주 보였다. 극심한 스트레스에 놓인 사람이 자해 행위를 반복하는 현상을 말한다. 이제 15살인 아이는 손목과 팔에 상처로 아물 날이 없었다. R 양은 항상 새아버지와 다투고 난 후 화난 상태에서 자해했다. 중국에서 살다 10살쯤 어머니를 따라 한국에 왔고 적응이 쉽지 않았다. 새아버지인 한국 사람과 문화적 차이도 적잖은 스트레스였다.

합리화 방어기제가 '남 탓하는 것'이라면 '내 탓 하는 것'이 자기에게로 전향 방어기제다. 때론 타인을 공격하고 미워하는 것이 죄책감을 만들어내기도 한다. M 군은 어머니가 자신에게 소리 지르는 행동을 보여도 받아들여야 한다. 자신을 버리지 않고 함께 해주고 있기에 어머니에게 화를 내서는 안 된다. 어쩌면 부모가 이혼하게 된 원인도 자신 탓인 것만 같다. 결국은 스스로 공격하는 것으로 행위가 끝난다. 자기 탓으로 돌리는 자기희생적인 행동은 몸과 마음을 병들게 한다.

마음의 병은 우울감을 일으키는 원인이기도 하다. 자신에게 분노를 돌려 보복하는 경우, 자기 파괴적 행동이 나온다. 자신의 삶을 망가뜨리기 위해 시간을 헛되게 보내기도 하는데 게으름을 피우거나 자신에게 온 기회를 허비한다. 방탕한 생활을 하거나 자신을 궁지로 몰아 없애려 한다.

프로이트는 '내사 형 우울'을 가진 사람들이 '자기 탓'으로 돌리는 방어기제를 잘 사용한다고 했다. 내사는 말 그대로 바깥에 있는 것을 안에 있는 것으로 오해하는 과정이다. 이들은 자기 탓으로 돌림으로써 가까운 사람의 부정적인 감정을 처리하는 방식 중 하나로 이용된다. 앞에서 M 군이 자신을 공격함으로써 부모에게 느끼는 부정적인 감정을 처리했다. 부모의 이혼, 아버지의 바람 등 행동의 책임을 자신의 탓으로 돌림으로써 부모를 미워하는 죄책감을 버리고 싶다. 원래는 외부 즉, 부모에게 향해지는 할 감정이어야 한다.

자기연민(Self-compassion)이라는 단어가 필요할 수도 있다

2016년에 개봉한 애니메이션 〈도리를 찾아서〉가 있다. 선풍적인 인기를 끌었던 〈니모를 찾아서〉에 등장했던 도리는 자기 이름을 매번 소개했던 단기 기억상실증을 지닌 열대어다. 도리는 자신에게 가족이 있었다는 사실을 잊고 있었다가 어느 날 기억을 떠올린다. 가족을 잃게 된 것이 자신의 탓 같아 자책하는 장면이 등장한다. 사실 단기 기억상실증이 생긴 것이 도리 탓이 아닐 수도 있다. 기억상실증은 심각한 사건이나 충격에 생길 수 있다. 만약 도리가 우울함에 자책만 하고 있었다면 가족을 만날 수 없었을 것이다.

자기를 공격하는 이유는 또 있다. 가장 중요한 애착이다. 어린 시절 부모와 건강한 애착 관계를 형성하는 것이 매우 중요하다. 일생을 거쳐 삶에 영향을 미치기 때문이다. 자기에게로 전향 방어기제를 사용하는 경우, 불안형 애착 성향에 많이 나타난다. 애착은 생후부터 약 36개월까지 애착 형성의 시기로 본다. 그 시기에 양육자인 부모와 상호작용을 통해 애착이 잘 이루어진다면 아기는 안정 애착을 이룬다. 하지만 부모가 아기의 욕구를 해결해주지 못하면 자신의 욕구 표현을 주저하게 된다. 혹은 신체적, 정서적 학대가 있다면 불안정할 수밖에 없다. 방임도 그중 하나다.

'자기연민*Self-compassion*'이라는 말이 있다. 칭찬받고 인정받고 싶었지만 그렇지 못했던 나를 보듬어 주자는 말이다. 불쌍히 여기는 것과는 다르다. 나의 의지와 상관없이 감정을 억압하고 자책했던 안쓰러운 마음들을 토닥여 주는 행동이 필요하다. M 군의 잘못은 없었다. 늘 부모의 눈치를 보았었고 자신의 마음을 돌보지 못했다. 어머니도 같이 상담을 받아보기로 했다.

병 주고 약 주고 : 취소(Undoing)

O 씨는 30대 중반으로 현재 증권회사에 다닌다. 그녀는 어릴 때 불우한 가정환경에서 자랐다. 고등학교 졸업하고 서울에서 대학을 다니면서 혼자 독립된 생활을 하기 시작했고 그 후로 가족과 연락을 하지 않고 지냈다. 장학금을 받고 경제적인 부분을 혼자서 감당하면서 생활했다. 생활력도 강했고 공부도 잘해 유명한 증권회사에 취업했다. 하지만 그녀는 늘 외로웠다. 증권회사에서 만난 남자와 동거를 하기 시작했다. 3개월이 지난 후 그 사람이 유부남이라는 사실을 알았다. 이혼을 준비 중이었기에 O 씨는 믿고 기다리기로 했다. 하지만 조금씩 행동이 달라지기 시작했다. 예전에 없던 약간의 신체 폭력이 있었다. 그리고는 미안하다며 다음날이면 빌었다. O 씨는 그 남자를 사랑한다고 했다. 너무 외롭고 잘해줄 때가 더 많다며 떠날 수 없다고 했다.

O 씨의 남자친구는 '취소*Undoing*' 방어기제를 사용하고 있다. 무효화라고도 한다. 속담에 '병 주고 약 준다.'라는 말이 있다. O 씨의 남자친구를 두고 하는 말이다. 동거한 지 1년이 되었지만 남자친구의 행동은 크게 달라지지 않았다. 여전히 가끔 폭력이 나타났고 남자친구는 미안하다고 사과했다. 그때마다 선물을 사주며 마음을 달래주었고 O 씨는 그런 남자친구를 받아들였다.

피해를 취소하고 원상 복귀하려는 행동이 나타난다

과거를 취소하고 싶은 마음으로 쓰는 것이 취소 방어기제다. 취소하고 싶은 마음은 알지만 불가능하다. O 씨의 남자친구가 때렸던 것이 사과한다고 혹은 선물을 준다고 해서 없었던 일이 되지는 않는다는 것이다. 시간을 되돌릴 수 없다는 말이다. 취소 방어기제는 미신적 행위와 비슷해서 마술적 속성이 강하다. 자신이 저지른 행동에 죄책감이나 수치심을 없애고 싶어서 무의식적으로 특정한 태도나 행동을 취하는 것이다. O 씨의 남자친구는 가끔 분노 조절이 안 된다. 자신이 때리고도 스스로 후회한다고 말한다.

취소 방어기제는 강박적 행동, 강박적 사고와 연결되어 부정적으로 사용이 되는 경우도 있다. 과거 자신의 행동에 대해 강박적으로 죄책감이 있다면 그 행동을 건전한 일을 통해 속죄하고자 한다. 그 행동이 평생을 걸쳐서 죄책감으로 한다면 강박적 행동이 될 수도 있다. 자신의 무거운 짐을 덜고 과거의 잘못에 대한 반성이기도 하다. 앞에서 말한 것처럼 시간은 되돌릴 수 없다. 자신의 저지른 행동에 대해서는 다시 되돌릴 수 없기에 그 불편한 마음에서 벗어나고 싶은 것이다. 잘못에 대해 반성하고 후회하고 죄책감을 가지는 것이 인간이기에 어쩌면 당연한 건 아닐까.

우리에게 익숙한 〈시골 쥐 서울 쥐〉 이솝우화가 있다. 시골 쥐가 서울 쥐를 초대했는데 먹을 게 없었다. 서울 쥐는 서울에는 음식이 많다며 시골 쥐를 초대했다. 서울에 온 시골 쥐를 데리고 음식점으로 갔다. 시골 쥐는 많은 음식을 보고 좋아했다. 하지만 사람들이 자꾸 들어와 숨느라 마음 놓고 음식을 먹지 못했다. 결국 배고픔에 아무것도 못 먹고 시골로 다시 내려간다. 시골 쥐는 헛된 꿈을 가진 자신의 욕구를 취소하고 안전한 것을 선택한다.

때로는 상징적인 방법으로 무효화시키고 싶어 한다

가장 많이 나타나는 상징적인 방법이 폭력 후 선물일 것이다. O 씨의 남자친구도 폭력 후 목걸이나 향수 같은 선물을 사다 주었다고 한다. 프로이트는 취소에 대해 "어떤 일이 바라는 방식으로 일어나지 않았을 때 그와 다른 방식으로 행동함으로써 그 일은 취소가 되는 것"이라고 말했다. 프로이트는 성격의 구조는 원초아*id*, 자아*ego*, 초자아*super ego* 로 구성되었다고 이야기한다. 원초아는 식욕, 성욕, 수면욕 등과 같은 본능적인 욕구다. 자아는 원초아와 초자아 간의 갈등을 조절하는 현실적인 욕구다. 초자아는 도덕적인 양심적인 영역이다. 도덕적, 사회적, 판단적 측면을 담당한다.

취소 방어기제는 초자아의 측면에서 행해진다. 초자아의 도덕적인 양심이 흔들리면 죄책감을 느끼게 된다. 우리는 어떻게든 그것을 보상하기 위해 행동한다. 이때 취소 방어기제가 작동하고 상징적인 방법으로 무효화 함으로써 마음의 안정을 찾으려 한다. 아침에 남편과 다툰 후 아들에게 화를 냈다고 하자. 여기서는 전치 방어기제가 사용되었다. 그리고 이유 없이 아들에게 화풀이하고 나서 괜히 미안했다. 그날 저녁 집에 오는 길에 아들이 갖고 싶던 장난감을 사다 주면서 "엄마가 우리 아들 얼마나 좋아하는지 알지?"라고 이야기한다.

미국의 물리학자 로버트 오펜하이머*Robert Oppenheimer*의 일화가 있다. '원자 폭탄의 아버지'로 불리는 그는 제2차 세계대전 동안 원자 폭탄을 제조한 로스앨러모스 연구소의 소장을 지냈다. 원자 폭탄은 위력은 실로 대단했다. 전쟁이 끝난 후 그는 원자 폭탄의 피해를 보고 매우 고통스러워했다고 한다. 그 후 수소폭탄 등 전쟁과 관련 반대 의견에 앞장섰는데 그 행위도 취소 방어기제다.

특정한 사람을 피하거나 행동하는 것도 취소 방어기제다

특정한 사람을 피하려는 행동도 취소 방어기제로 볼 수 있다. 불안을 일으키는 생각을 무시하는 것도 마찬가지다. 이런 취소 행동은 근본적인 불안을 해결해주지는 않는다. 일시적으로는 특정한 사람을 보지 않는 행동을 통해서 안정감을 찾을 수는 있다. 취소는 자신의 행동에 대한 책임을 회피하고 잠시나마 죄책감을 완화하게 해주는 역할을 한다.

마술적, 주술적 행위도 취소에 해당된다. 주기도문을 반복해서 외우거나 자신이 정해놓은 숫자를 반복해서 세는 행위, 혹은 이상한 몸짓이나 행동을 통해서 간접적으로 자신의 이유기도 하다행동을 취소하려고 한다. 취소행위를 일명 속죄행위로 부르는 이유기도 하다. 영국의 정신분석학자 멜라니 클라인*Melanie Klein*은 취소에 대해 마법적인 배상과 같은 것이라고 말한다. 피해를 없었던 것으로 하거나 물체를 원래대로 돌리려는 경향이다.

심각한 트라우마를 겪었거나 가정폭력, 성폭력, 아동학대의 피해자들은 취소 방어기제가 과잉으로 나타날 수 있다. 과거 성적 학대를 당한 경우, 자신이 더럽혀졌다는 괴로움에 강박적으로 씻는 행위를 하는 경우도 무효화의 형태다. 15살 A 양은 태권도 관장에게 성폭력을 당했다. 그 당시 조손가정으로 할머니와 생활했던 아이에게 지켜줄 어른이 없다는 것을 알았던 관장은 상습적으로 아이를 성폭행했다. A양은 자신은 걸레라며 살가죽이 벗겨져 피가 날정도로 자신의 몸을 씻었다. 가출 쉼터에서 만난 아이였다. 자신을 구해줄 어른을 찾고 있었다. 기관과 할머니의 신고로 해바라기 센터로 이관되었다.

취소는 양심의 가책을 느낄 때 사용되는 방어기제다. 어릴 때부터 가난에서 벗어나고 싶었던 B 군은 닥치는 데로 일을 했다. 하지만 큰돈을 벌 수 없었고 결국 사채업을 시작하게 되었다. 돈을 많이 벌게 되자 일부를 자선단체에 기부하였다. 자신처럼 힘들게 사는 청년들을 위한 재단도 만들었다. 양심의 가책이 어쩌면 자신의 삶을 다른 방향으로 바꾸어 주기도 한다.

다만, 강박적으로 집착하거나 잘못하고 보상하는 등의 속죄행위가 습관화되는 게 문제인 것 같다. 아내 몰래 바람을 피운 후 선물 사주는 등의 행동 말이다. O 씨는 남자친구와 함께 상담을 받기로 했다. 여자친구와 헤어지고 싶지 않고 노력해 보고 싶다는 의지를 내비쳤다. 취소는 과거의 행동을 만회하고 싶어 쓰는 방어기제다. 어떻게 보면 O 씨의 남자친구도 새롭게 살고 싶은 마음이 있었을지도 모른다.

삶을 살아가는 데 꼭 필요한 것

전체적으로 다룬 것은 25가지 정도이지만 훨씬 더 많은 방어기제 종류가 있다. 앞에 20가지의 방어기제는 표준화된 검사 분류를 참고로 다루었다. 각 방어기제 분류별로 체크박스에 넣은 검사는 이화방어기제 검사 일부만 제공한 것이다. 기타 5개는 추가적으로 자주 사용되는 방어기제를 분류했다. 구체적이고 깊이 있게 자신을 파악하고 싶다면 방어기제 검사가 가능한 상담센터에 문의해보면 된다. 세계적인 아동심리학자 앨리스 밀러*Alice Miler*는 방어기제를 다루기 위해 자신의 어린 시절에 입은 트라우마와 마주해야 한다고 말한다. 어린 시절 억압된 감정은 무의식 상태로 그대로 머물러 있을 수 있다. 억압된 감정이 모든 행동을 왜곡된 방식으로 규제시키기 때문이다. 또한 자신의 고통을 회피하기 위해 방어벽을 설치한 수많은 방어기제를 찾아내는 것이 필요하다.

방어기제는 어릴 때부터 생기기도 하지만 심리적 충격이나 상황에 의해 나타날 수도 있다. 자아가 불안에 대응하고 대처하고자 할 때 사용하는 것이 방어기제다. 스트레스를 받거나 갈등 상황, 심리적 충격, 충돌 등으로부터 자신을 방어하고 타협하고 싶다. 내적 긴장을 완화 시켜주는 것이 방어기제기 때문이다. 그러니 삶을 살아가는 데 방어기제는 꼭 필요하다. 건강하게 나를 지켜줄 수도 있으니 말이다. 무의식적으로 나타나는 방어기제를 알아차리기는 쉽지 않다. 나를 객관적으로 볼 수 있는 가족, 친구, 지인의 말에 귀 기울여야 한다. 나의 감정을 인식하고 탐색하는 과정도 중요하다.

감정인식은 말 그대로 내 마음의 느낌을 알아주는 것이다. 방어기제는 억압된 감정에서 비롯되는 경우가 많다. 주로 내가 어떤 기분을 느끼고 경험하는지가 중요하다. 내가 자주 느끼는 감정을 찾았다면 그 감정이 어떤 생각에서 비롯되는지를 찾는 것이 필요하다. 우리 생각은 감정에 영향을 줄수 있다. 생각은 순식간에 지나가고 감정만 남아 기억하고 행동으로 이어지기도 한다. '자동적 사고*Automatic thoughts*'는 어떤 상황에서 아주 빠르게 자동으로 떠오르는 생각을 말한다. 자동적 사고가 왜곡된 형태로 나타난다면 적응적인 감정이 나올 수 없다. 불안을 만들어내는 것도 생각인 경우가 많다. 자아는 불안으로부터 스스로 보호하기 위해 방어기제를 쓴다. 과도한 불안은 방어기제를 불균형적으로 사용하게 만든다.

불안은 일차적 감정이다. 감정은 일차적 감정과 이차적 감정으로 나눈다. 일차적 감정은 상황에 대해 즉각적이고 본능적인 감정이다. 기본적인 감정이고 누구나 느낄 수 있는 슬픔이나 두려움 같은 정서라고 할 수 있다. 이런 일차적 감정이 분화되면 이차적 감정으로 나타난다. 다시 말해, 불안한 감정이 해소되지 못하면 분노, 공격성, 수치스러움 등 다양한 부적응적인 감정을 초래한다. 과도한 불안을 감소시키기 위해서는 생각을 다루는 훈련이 필요하다. 다음 장 〈부록〉에 있는 워크 시트지를 활용하여 우선 자신의 감정을 탐색하고 모니터링 해본다. 그리고 상황과 생각을 기록하는 활동지를 통해 감정 찾기를 해본다. 사고, 감정이 어떻게 행동으로 연결되는지를 살펴보고 왜곡된 사고를 적응적으로 변화될 수 있도록 연습해보자. 한꺼번에 다 할 필요는 없다. 〈STEP 1〉부터 〈STEP 6〉까지 천천히 늘려가면 된다.

부록

STEP 1 - 주간 감정 체크박스

STEP 2 - 상황(사건)과 감정 찾기

STEP 3 - 생각, 감정 구별하기

STEP 4 - 부적응적 생각 - 감정 - 행동 찾기

STEP 5 - 부적응적 생각 관련 근거 찾기

STEP 6 - 부적응적 생각 바꾸기

기타 - 인지적 오류 설명서
- 부록 사용 설명서

STEP 1 주간 감정 체크박스

년 월 일 ~ 년 월 일

감정		월	화	수	목	금	토	일
밝은 감정	행복한							
	흥미 있는							
	뿌듯한							
	사랑하는							
	감사하는							
	자랑스러운							
	확신 있는							
	애정 있는							
	보살피는							
	다정한							
	자신감 있는							
	안정된							
	활기 있는							
	재미있는							
힘든 감정	상처받은							
	슬픈							
	화가 난							
	경멸스러운							
	죄책감을 느끼는							
	불안한							
	두려운							
	수치스러운							
	후회하는							
	혐오하는							
	속상한							
	걱정스러운							

STEP 2	상황(사건)과 감정 찾기

년 월 일 요일

어떤 사건(상황)이 있었는가?	어떤 감정이 들었는가?	감정의 강도는?
		0-1-2-3-4-5-6-7-8-9-10
		0-1-2-3-4-5-6-7-8-9-10
		0-1-2-3-4-5-6-7-8-9-10

감정 단어 목록

감격하다, 감동하다, 감사하다, 감탄하다, 경이롭다, 고맙다, 관심을 가지다, 궁금하다, 기대하다, 기분 좋다, 기분이 들뜨다, 기쁘다, 놀라다, 든든하다, 들뜨다, 따뜻하다, 마음이 놓이다, 마음이 통하다, 만족스럽다, 믿음직스럽다, 상쾌하다, 설레다, 신기하다, 신난다, 안정되다, 자랑스럽다, 즐겁다, 진정되다, 통쾌하다, 편안하다, 행복하다, 활기차다.

걱정되다, 고민되다, 고통스럽다, 괴롭다, 기운이 없다, 긴장되다, 놀라다, 눈물 나다, 답답하다, 당황스럽다, 두렵다, 부끄럽다, 불쌍하다, 불안하다, 서운하다, 슬프다, 쓸쓸하다, 실망하다, 싫다, 안타깝다, 애도하다, 억울하다, 외롭다, 울고 싶다, 조심스럽다, 짜증나다, 창피하다, 피곤하다, 화나다, 힘들다.

STEP 3	생각과 감정 구별하기

감정과 생각을 명확하게 구분하는 것은 쉽지 않다. 상황이 바로 감정을 만들지는 않는다. 그래서 상황이 아무리 달라져도 감정은 그대로 남아있는 경우가 많다. 감정을 만들어 내는 것이 생각일 수도 있기 때문이다. 같은 상황에서도 내가 그것을 어떻게 받아들이고 어떻게 생각하느냐에 따라서 감정이 달라진다. 생각과 감정을 잘 구별하지 못하면 생각이 느낌이나 감정에 영향을 미치게 된다.

* 생각과 감정 구별하기

1. 나는 완전히 실패한 인생이다. → 생각이다. 자신을 실패한 인생으로 판단한다.
   그러면 어떤 감정이 들까? 실망스럽다. 불안하다. 두렵다 등의 감정으로 이어질 수 있다.

2. 나는 행복해질수 없다 (생각) → 절망, 두려움(감정)

* 아래 표에서 생각과 감정을 구별하는 연습을 해보자.

슬프다. 패배자다. 행복하지 않다. 불안하다. 망쳤다. 내 발표가 재미가 없나?. 나는 한심한 것 같아. 화가 난다. 짜증 난다. 난 왜 이렇게 약하지. 내 인생은 실패했어. 나는 미래가 없어. 제대로 되는 것이 하나도 없어. 두렵다. 즐거운 일이 하나도 없어. 늘 상황이 안 좋아. 나를 싫어하나?. 내가 뭐 잘못한 것 있나?. 우울하다. 불안하다. 속상하다. 이해가 안 간다. 나는 잘하는 것이 하나도 없어?. 나를 별로 좋아하지 않는 것 같아.

생각 : ____________________

____

____

____

감정: ____________________

____

____

____

* 자주 떠오르는 생각들이 있다면 적어두는 습관을 갖는 것도 도움이 된다.
* 생각 뒤에 따라오는 것이 감정이다.
  → *나는 행복해질 수 없어서 슬프다.*

STEP 4	부적응적 생각 - 감정 - 행동(신체반응) 찾기

년　월　일　요일

어떤 사건(상황)이 있었는가?	어떤 감정이 들었는가?	감정의 강도는?
	①	0-1-2-3-4-5-6-7-8-9-10
	②	0-1-2-3-4-5-6-7-8-9-10

● 감정이 여러 가지 나타날 수 있다.

① 느낀 감정: ______________________________

____

이때 떠오른 생각: ______________________________

____

____

____

행동(신체반응): ______________________________

____

② 느낀 감정: ______________________________

____

이때 떠오른 생각: ______________________________

____

____

____

행동(신체반응): ______________________________

____

STEP 5 부적응적 생각 관련 증거 찾기

년 월 일 요일

부적응적인 생각	찬성하는 증거 찾기	반대되는 증거 찾기

STEP 6 부적응적인 생각 바꾸기

년 월 일 요일

어떤 사건(상황)이 있었는가?	어떤 생각이 들었는가?	어떤 감정이 들었는가?	감정의 강도는?
			0-1-2-3-4-5-6-7-8-9-10

부적응적인 생각을 적응적인 생각으로 바꿔보자	감정의 강도는?
→ →	0-1-2-3-4-5-6-7-8-9-10

인지적 오류 설명서

1. 흑백논리: 이분법적 사고, 오직 두 가지로만 생각하는 경향을 말한다. 실패아니면 성공이고완벽하지 않으면 실패한 인생이 된다. "1등을 하지 못하면 실패한 인생이야." 라고 생각한다.

2. 과도한 일반화: 과잉 일반화, 한두 가지 증거나 사실에 근거하여 확대 해석해 일반적인 결론을 내린다. 서로 관계가 없음에도 불구하고 상황에 적용한다. 소개팅에서 퇴짜를 맞은 경우, "모든 남자는 혹은 모든 여자는 나를 좋아하지 않아" 라고 생각한다.

3. 선택적 추상화: '정신적 여과'라고도 불린다. 어떤 상황에서 다른 중요한 요소는 무시하고 특정한 일부 정보에만 초점을 기울여 상황 전체를 파악한다. 쉽게 말해, 긍정적인 정보는 무시하고 부정적인 정보에만 집중하게 된다. 강의를 하는데 9명은 열심히 듣고 1명이 제대로 듣지 않은 경우 "내 강의가 재미가 없는거야, 그냥 다들 열심히 듣는 척 하는 것일수도 있어."라고 생각한다.

4. 개인화: 자신과 무관한 외부사건이나 상황을 자신과 관련시켜 잘못된 해석을 한다. 사실은 다른 것으로 인해 생긴 상황이지만 자신에게 원인과 책임이 있다고 생각한다. 무조건 자신의 탓으로 돌리는 행동이다. 자신의 탓으로 돌리는데 뒷받침할 만한 근거가 없다. 남자친구

와 헤어진 경우, "남자친구가 헤어지자고 한건 내가 잘못했기 때문이야." 라며 남자친구의 잘못이나 책임이 있는데도 불구하고 자신이 잘못해서 헤어졌다고 생각한다.

5. 독심술: 충분한 근거가 없는데도 불구하고 타인의 마음을 임의대로 추측하고 단정한다. 그 사람에게 확실한 확인도 없이 자신이 상대방의 마음을 읽을수 있다고 착각한다. 타인에 대해 단정짓거나 확인할 방법이 없는 경우는 타인의 행동을 통해 자신의 판단이 맞다고 생각하고 확신을 갖는다. "나는 네가 무슨 생각을 하는지 다 알아." 타인의 생각을 단정짓는다.

6. 파국화: 재앙화, 어떤 사건에 대해 자신의 걱정을 지나치게 과장한다. 항상 최악의 시나리오로 생각함으로써 두려워하고 아무것도 할 수 없는 상태가 된다. "이제 내 인생은 끝났고 아무것도 남지 않았다." 파국화가 심해지면 우울감이나 자기에로의 전향 방어기제를 사용할 수 있다.

7. 의미 확대와 의미 축소: 극대화와 극소화, 어떤 사건의 의미 또는 중요성을 사실보다 지나치게 확대하거나 축소한다. 어떤 상황에 대해서 의미를 확대 해석 한다. 새 옷을 입고 갔는데 친구가 "너 옷이 내 것과 비슷하네. 잘 어울려."라고 할 때 "예뻐서 산 건데. 유행인가 보네."라고 말할 수 있다. 의미 확대를 시키면 '내가 자신의 옷을 따라

샀다고 생각하나. 기분 나쁘네.'로 생각할 수 있다. 의미 축소는 반대로 "잘 어울려."라고 말한 것을 생각하지 않는 것이다. 좋은 말은 축소 시키고 부정적이라고 생각하는 것을 확대 시켜 받아들인다.

8. 임의적 추론: 결론을 지지해주는 충분한 근거가 없거나 위배 됨에도 불구하고 그와 같은 결론을 내리게 된다. 같이 있는 사람이 내 이야기에 반응하지 않을 때 "내 얘기가 재미가 없나. 나 때문에 기분 나쁜거 있었나?" 등으로 생각한다.

9. 정서적 추론: 나의 감정을 근거로 상황을 판단해 버린다. "지금 내가 슬프니 나는 삶의 실패자다."

10. 잘못된 명명: 어떤 사람의 특성이나 행동을 부분적인 특징만 보고 그 사람이나 상황 전체를 단정하는 용어로 표현한다. 꼬리표처럼 낙인을 찍어버리면 그 이름이 붙은 특징들은 그 사람의 특징이 되어버린다. 부정적이거나 극단적인 단어를 붙인다. "이번 시험을 못 봤어. 나는 쓸모없는 사람이야."라고 '쓸모없다'라는 부정적인 단어를 붙여버린다. 스스로 편견을 만든다.

부록 사용 설명서

〈STEP 1 주간 감정 체크박스〉는 일주일 동안 자신이 느꼈던 감정을 체크 하면 된다. 워크 시트지에 있는 감정 중에 없다면 본인이 직접 적어도 된다. 지속적으로 점검하다 보면 자신이 평소에 느끼는 감정을 찾을 수 있다.

예시 1)

STEP 1	주간 감정 체크박스

00 년 0 월 0 일 ~ 00 년 0 월 0 일

감정		월	화	수	목	금	토	일
밝은 감정	행복한	V	V					
	흥미 있는			V				
	뿌듯한							
	사랑하는							
	감사하는							
	자랑스러운							
	기분 좋은			V				
힘든 감정	상처받은				V			
	슬픈				V	V	V	
	화가 난							
	경멸스러운							
	죄책감을 느끼는							
	불안한							
	괴로운							V

〈STEP 2 상황(사건)과 감정 찾기〉는 익숙하지 않을 수 있다. 반복적으로 하다 보면 어떤 상황에서 주로 부정적인 감정을 느끼는지 찾을 수 있다. 그리고 감정의 강도가 얼마만큼인지 표시한다. 사람마다 강도가 다르다. 같은 불안이나 슬픔이더라도 강도의 차이가 있기 때문이다. 뒤에 나오는 생각 찾기를 통해 부적응적인 생각이 변화되면서 강도가 감소된다.

예시 2)

STEP 2	상황(사건)과 감정 찾기

00 년 0 월 0 일 0 요일

어떤 사건(상황)이 있었는가?	어떤 감정이 들었는가?	감정의 강도는?
오늘 회의 발표에서 팀장님에게 부정적 피드백을 들었다	불안함	0-1-2-3-4-5-6-7-(8)-9-10

〈STEP 3 생각과 감정 구분하기〉 생각과 감정을 구분하는 것은 어렵다. 생각은 간단하게 정리하는 일도 쉽지 않다. 처음에는 장황하게 쓸 수도 있다. 점점 훈련을 통해 다듬어지면서 생각이 간단하게 정리되기도 한다. 글로 쓰는 이유는 시각화이다. 우리의 생각은 순식간에 지나간다. 그것도 형체가 없이 지나가기에 잡을 수가 없다. 생각을 찾아서 텍스트로 옮기려고 노력하는 것이다. 눈으로 보면서 '내가 이런 생각을 했구나'를 찾고 그래서 '이런 감정이 들었네'를 인식한다. 걱정이나 불안이 생길 때 혹은 고민이 있을 때 우리는 낙서라는 것을 쓰기도 한다. 빈 종이에 끄적이다 보면 문제 해결이 되기도 하고 '내가 왜 이런 생각을 했지?'라

는 생각에 마음을 다시금 잡기도 한다. 상황에서 쉽게 감정에 압도되는 경우가 있는데 자신을 지배하는 무의식적 사고가 사실이라고 믿게 되는 경우가 많다. 그 생각이 왜곡된 생각 인 경우 통제력을 잃게 되거나 감정에 압도되기 때문에 감정과 생각을 구분하는 것은 중요하다.

〈STEP 4 부적응적 생각—감정—행동 찾기〉는 〈STEP 2〉에서 상황(사건)과 감정을 찾는 훈련을 했다면 이제는 조금 더 발전해서 그때 지나간 생각을 찾는 일이다. 적응적인 것은 찾을 필요 없고 부적응적인 사건과 생각을 찾는다.

슬프다. 패배자다. *행복하지 않다.* 불안하다. *망쳤다.* *내 발표가 재미가 없나?.* *나는 한심한 것 같아.* 화가 난다. 짜증 난다. *난 왜 이렇게 약하지.* *내 인생은 실패했어.* *나는 미래가 없어.* *제대로 되는 것이 하나도 없어.* 두렵다. *즐거운 일이 하나도 없어.* *늘 상황이 안 좋아.* *나를 싫어하나?.* *내가 뭐 잘못한 것 있나?.* 우울하다. 불안하다. 속상하다. *이해가 안 간다.* *나는 잘하는 것이 하나도 없어.* *나를 별로 좋아하지 않는 것 같아.*

예시 3)

STEP 4	부적응적 생각 찾기

00년 0 월 0 일 0 요일

어떤 사건(상황)이 있었는가?	어떤 감정이 들었는가?	감정의 강도는?
오늘 회의 발표에서 팀장님에게 부정적 피드백을 들었다	불안함	0-1-2-3-4-5-6-7-(8)-9-10

① 느낀 감정: 불안함

이때 떠오른 생각: "팀장님이 실망했으면 어떡하지?"

행동(신체반응): 고개를 푹 숙임.

〈STEP 5 부적응적 생각 관련 증거 찾기〉는 경험한 사건에 대한 부적응적 생각이 타당한지에 대해 찬, 반을 따져 보는 것이다. 내 생각을 뒷받침하는 증거는 무엇인가? / 반하는 증거는 무엇인가?를 찾는다.

예시 4)

STEP 5	부적응적 생각 관련 증거 찾기

00 년 0 월 0 일 0 요일

부적응적인 생각	찬성하는 증거 찾기	반대되는 증거 찾기
"팀장님이 실망했으면 어떡하지?"	1. 회의 발표때 부정적인 피드백을 받았다. 2. 나에 대한 표정이 좋지 않았다.	1. 저번 회의 발표 계획안은 칭찬 받았다 2. 주로 칭찬을 많이 받았다. 3. 실망했다면 나에게 중요한 프로젝트를 맡기지 않을 것이다.

〈STEP 6 부적응적 생각 바꾸기〉는 부적응적인 생각을 적응적으로 바꿔서 적어본다.

예시 5)

STEP 6	부적응적인 생각 바꾸기

00 년 0 월 0 일 0 요일

어떤 사건(상황)이 있었는가?	어떤 생각이 들었는가?	어떤 감정이 들었는가?	감정의 강도는?
오늘 회의 발표에서 팀장님에게 부정적 피드백을 들었다	"팀장님이 실망했으면 어떡하지?"	불안함	0-1-2-3-4-5-6-7-(8)-9-10

* 적응적인 사고가 생각나지 않을 때

1. 지금의 생각은 나에게 어떤 의미가 있나?
2. 이 생각이 맞다는 현실적인 근거가 있나? (찬, 반 증거 찾기에 사용)
3. 정말 맞다고 한다면 그 생각이 나에게 어떤 유익함을 줄 수 있나?
4. 내가 부적응적인 생각에 빠져있으면 손해 보는 것은?
5. 만약 친구가 나와 같은 상황에서 같은 생각에 있다면 어떤 말을 해주고 싶은가?

(친구에게 하는 말이 적응적인 말일 경우가 많다. 그 말을 나에게 적용시키자.)

적응적인 생각으로 바꿔보자	감정의 강도는?
"팀장님이 실망했으면 어떡하지?" → 더 잘하라는 의미에서 조언 주신거야.	0-1-2-(3)-4-5-6-7-8-9-10

회의 발표를 잘하지 못해 팀장님이 실망했을 것이라는 생각은 자신을 더 불안하고 위축되게 만든다. 팀장님 눈치를 보게 될 수도 있고 잘할 수 있는 일을 오히려 실수하게 되는 경우가 발생되기도 한다. 상대방이 어떤 마음에서 그런지 모를 수 있다. 잘 생각해보면 긍정적인 경우가 더 많다. 나를 생각해서. 혹은 조언해주기 위해 등 믿는 사람이기 때문에 더 애정으로 잘하라는 의미해서 부정적인 피드백을 줄 수 있다. 내가 부적응적으로 받아들이면 지금 행동 하나로 '과잉 일반화' 시키는 오류를 범하게 된다.

〈참고문헌〉

이솝우화를 통해 본 자아 방어기제, 이병욱, 음성소망병원

속담 속에 반영된 한국인의 자아 방어기제와의 관계, 김성환, 여수대학교 교육대학원

청소년의 스트레스와 방어기제 요인과의 관계 연구, 강인숙, 제주대학교

인지치료의 이론과 실제, Judltih S. Beck, Ph.D., 최영희, 이정흠, 하나 의학사

내가 말하는 진심 내가 모르는 본심, 매릴린 케이건, 닐 아이번드, 서영조, 전나무숲

마음의 문을 닫고 숨어버린 나에게, 조지프 버고, 이영아, 더 퀘스트

행복의 조건, 조지 베일런트, 프런티어

네이버 지식백과, 국립정신건강센터

이화방어기제검사 실시요강, 하나의학사, 김재은, 이근후, 김정규, 박영숙

지금
내 마음
괜찮은
걸까요?

초판 1쇄 인쇄 · 2024년 7월 5일
초판 1쇄 발행 · 2024년 7월 12일

지은이 · 김선희
펴낸이 · 천정한
펴낸곳 · 도서출판 정한책방

출판등록 · 2019년 4월 10일 제446-251002019000036호
주소 · 충북 괴산군 청천면 청천10길 4
전화 · 070-7724-4005
팩스 · 02-6971-8784
블로그 · http://blog.naver.com/junghanbooks
이메일 · junghanbooks@naver.com

ISBN 979-11-87685-82-1 (03180)

• 책값은 뒤표지에 적혀 있습니다.
• 잘못 만든 책은 구입하신 서점에서 바꾸어 드립니다.